TABLE DES

L'AUTEUR

Le **Dr Adam Cash** est psychologue et professeur à l'université. Il intervient également dans de nombreuses enquêtes criminelles en tant que spécialiste des profils psychologiques. Il est l'auteur de *La Psychologie pour les Nuls* (2011).

Laboratoire de psychologie expérimentale (1896).

La psychologie populaire

« Pourquoi faisons-nous ce que nous faisons ? » Voilà la question qui se cache derrière pratiquement toutes celles qui sont posées aux psychologues. D'une manière très générale, la psychologie est une branche du savoir. Mais plus fondamentalement, elle touche les êtres humains, en tant qu'individus ou en groupe.

D'autres questions commencent par « comment » : Comment empêcher mon enfant de deux ans de piquer des colères ? Comment le mental fonctionne-t-il ? D'autres encore commencent par « qu'est-ce que » : Qu'est-ce qu'une émotion ? Qu'est-ce que l'intelligence ?

Ce type de questions constitue le moteur de la psychologie, son noyau intellectuel et philosophique. Par conséquent, la psychologie peut être définie comme l'étude scientifique du comportement et des processus mentaux humains. Elle tente de découvrir ce que nous faisons et pourquoi et comment nous le faisons.

Les psychologues professionnels ne sont pas les seuls à essayer de comprendre les individus. D'une certaine façon, nous sommes tous des psychologues amateurs et nous avons une certaine façon de voir les choses.

La psychologie a l'avantage de traiter un sujet que nous connaissons tous – les individus. On ne peut pas en dire autant de la chimie ou de l'astronomie. Bien sûr, nous utilisons des produits chimiques tous les jours, mais qui se demande : Comment fait-on pour que ce bain de bouche ait un goût de menthe ?

Les psychologues amateurs exercent le plus souvent dans les cafés remplis de gens qui discutent du pourquoi et du comment du comportement des autres. « Et alors, je lui ai dit... », « Tu aurais dû dire... » Ces conversations ressemblent parfois à une thérapie de groupe. Nous passons tous beaucoup de temps à parler des autres.

Les psychologues professionnels appellent cette pratique la psychologie populaire – un ensemble de principes appliqués par des personnes ordinaires pour comprendre, expliquer et anticiper leur propre comportement ou celui des autres.

Lorsque nous pratiquons la psychologie populaire, nous partons du principe que nous faisons ce que nous faisons à cause de nos pensées et de nos processus mentaux – de nos convictions et de nos désirs. Mais la psychologie populaire n'est pas le seul outil des psychologues amateurs. Certaines personnes expliquent le comportement des autres en termes de chance, de malédiction, de bénédiction, de karma, de destin, de destinée et autres notions plus ou moins psychologiques.

Les métathéories de la psychologie

La plupart des recherches en psychologie sont effectuées dans le cadre de grandes théories. Chacune de ces métathéories se place d'un point de vue différent pour répondre aux questions psychologiques.

Ainsi, lorsqu'un psychologue est confronté à un comportement ou à un processus mental, il part de l'une ou l'autre des métathéories suivantes :

- La **métathéorie biologique** se concentre sur les aspects biologiques du comportement et les effets de l'évolution et de la génétique. Elle part du principe que le comportement et les processus mentaux peuvent être expliqués par la physiologie et l'anatomie humaines. Les spécialistes de la psychologie biologique s'intéressent essentiellement au cerveau et au système nerveux.
- La **métathéorie psychanalytique** se fonde sur les processus mentaux inconscients et les problèmes de développement au cours de la petite enfance pour expliquer les impulsions et les souhaits puérils, les désirs immatures et autres exigences par rapport à la réalité vécue. Les travaux de Freud, le père de la psychanalyse, ont été complétés par des centaines de théoriciens. Les nouvelles théories sont qualifiées de

« psychodynamiques », car elles mettent en avant l'interaction dynamique entre les différentes composantes de la personnalité.

- La **métathéorie comportementale ou béhavioriste** met en évidence le rôle des expériences d'apprentissage dans l'élaboration du comportement, l'« apprentissage observationnel ». Les spécialistes de cette théorie ne tiennent pas compte des processus mentaux, car ils les jugent trop difficiles à observer et à évaluer objectivement.
- La **métathéorie cognitive** est basée sur le traitement mental de l'information, notamment sur les fonctions de raisonnement, résolution de problèmes et mémorisation. Les spécialistes de la théorie cognitive s'intéressent aux structures et aux pensées mentales qui orientent et provoquent le comportement.
- La **métathéorie humaniste et existentialiste** s'appuie sur le caractère unique de chaque individu et sur notre capacité à faire des choix, dont nous seuls portons la responsabilité. Les humanistes placent le libre arbitre et la compréhension de la signification des événements au cœur de l'étude psychologique.
- La **métathéorie socioculturelle** prend en compte les facteurs sociaux et culturels qui affectent notre comportement, à travers le pouvoir du groupe ou de la culture.
- La **métathéorie féministe** se base sur les droits politiques, économiques et sociaux des femmes et sur l'influence de ces forces sur le comportement des hommes et des femmes. Cette perspective a vu le jour lors du mouvement des femmes dans les années 1960.

- La **métathéorie postmoderniste** remet en question l'essence même de la science psychologique en revoyant entièrement son approche de la vérité et de l'individu. Les postmodernistes pensent que, pour comprendre la pensée et la raison humaines, il faut prendre en compte les processus sociaux et communautaires qui les sous-tendent. Ils affirment que les personnes faisant autorité ont une idée trop arrêtée de ce qui est « réel » et « vrai » en psychologie. Ils préconisent une vision « constructiviste sociale » et considèrent que ces concepts n'ont pas de sens en dehors de celui que la société et ses « experts » leur donnent.

La psychologie : une histoire biopsychosociale

Au fil des années, chacune des métathéories psychologiques a eu son heure de gloire pour être ensuite jetée aux oubliettes par la suivante. Les psychologues ont donc adopté une approche intégrationniste. Le *modèle biopsychosocial* de la psychologie représente une des tentatives d'intégration les plus connues.

Le modèle biopsychosocial s'appuie sur le raisonnement suivant : le comportement et les processus mentaux humains résultent d'influences biologiques, psychologiques et sociales et de l'interaction de ces influences. Toute explication du comportement et des processus mentaux ne prenant pas en compte ces trois facteurs est incomplète :

- **Le rôle du corps** : Nous sommes des êtres de chair. Toute discussion sur les pensées, les émotions ou autres concepts psychologiques qui ne prenne pas le corps, notamment le cerveau et le système nerveux, en considération ignore la réalité de notre existence.
- **Le rôle du mental** : Le mental est au centre de l'analyse du comportement et des processus mentaux humains. Le béhaviorisme néglige le mental. La psychologie biologique l'associe au cerveau. Et la psychologie sociale s'appuie en priorité sur le troisième aspect du modèle biopsychosocial.

- **Le rôle de la société** : Notre cerveau et notre mental seraient bien seuls sans cette troisième composante du modèle : l'aspect social du comportement et des processus mentaux humains. Le cerveau ne fonctionne pas et le mental ne pense pas dans le vide. Le comportement et le processus mental de chacun sont ancrés dans un contexte qui englobe les autres individus et l'environnement matériel, humain, naturel ou technologique. Il ne faut pas sous-estimer le pouvoir des autres dans l'élaboration de notre comportement et de nos processus mentaux.

Culture et psychologie

Les comportements et les processus mentaux varient-ils d'une culture à l'autre ? Posons la question différemment : les résultats d'une étude sur des étudiants blancs de la classe moyenne pourraient-ils être étendus à l'ensemble des individus ? Bien sûr que non.

Le thème de la culture s'est imposé de lui-même au cours des quarante dernières années. Les progrès technologiques ont rendu notre monde plus petit et permis aux différentes cultures d'entrer en contact plus facilement. L'aspect culturel de la psychologie est donc de plus en plus important.

L'influence culturelle doit être prise en compte pour au moins deux raisons, l'une scientifique, l'autre humaniste. La science recherche l'objectivité et la vérité. Or, nous sommes tous sensibles à la pression culturelle. Par conséquent, la psychologie doit essayer de comprendre l'influence de la culture pour refléter la réalité de la façon la plus complète et la plus objective possible. Sinon, il n'existerait qu'un ensemble de « psychologies régionales », inutiles et inexactes en dehors de leurs cultures respectives. D'un point de vue humaniste, de nombreuses personnes pensent qu'aucune culture ne doit imposer sa vision de la vérité à d'autres cultures.

Exemple

Que se passerait-il si, après avoir réalisé dans un pays une étude montrant que l'utilisation d'un vocabulaire de bébé pour communiquer avec de jeunes enfants retarde le développement du langage, on se rendait dans un autre pays pour y mettre en œuvre un programme d'éducation basé sur les résultats de cette étude ? Ces résultats ne s'appliqueraient peut-être pas à la culture de cet autre pays. Le programme d'éducation imposerait une « vérité » qui n'en est pas une à cette culture.

Nous devons toujours respecter les frontières culturelles et relativiser notre vision de la vérité.

Les différentes branches de la psychologie

La psychologie se divise en trois grandes catégories.

- **La psychologie expérimentale** : les spécialistes de la psychologie expérimentale passent la majorité de leur temps à effectuer des recherches. Ils travaillent généralement dans des universités. Leurs domaines de recherche sont très nombreux, mais chaque chercheur a généralement sa propre spécialité.
- **La psychologie appliquée** : cette discipline applique directement les résultats des recherches et les théories de la psychologie à des problèmes de tous les jours. Les spécialistes de la psychologie appliquée travaillent en entreprise, au sein du gouvernement, dans l'éducation ou même dans le sport.
- **La psychologie clinique** : cette branche de la psychologie a pour but d'étudier, de diagnostiquer et de traiter les problèmes psychologiques. La Société française de psychologie (SFP) précise qu'un psychologue, pour être reconnu comme tel, doit avoir suivi une formation universitaire et obtenu un diplôme de niveau bac + 5.

La méthode des psys

Pour comprendre la psychologie, il est important de savoir d'où proviennent les connaissances des psychologues et quelles sont les méthodes, comme la recherche scientifique et la théorisation, qu'ils utilisent pour étayer leurs assertions et établir leur expertise dans le comportement et les processus mentaux humains.

Nous avons tous notre propre opinion sur notre comportement et nos processus mentaux ainsi que sur ceux des autres. La psychologie populaire a toujours des réponses, mais sur quelles bases les psychologues fondent-ils, eux, leur raisonnement ?

Les psychologues assoient leur expertise sur trois types d'acquisition du savoir :

- **L'autorité** : méthode utilisée pour transmettre l'information, généralement dans le cadre d'une thérapie ou d'un processus de formation. Les patients et les étudiants n'ont pas le temps de vérifier tout ce qu'on leur dit. À un certain stade, ils sont obligés de faire confiance aux experts.
- **Le rationalisme/la logique** : méthode utilisée pour formuler des théories et des hypothèses. Si les arguments ne sont pas logiques, ils ne seront probablement pas concluants lorsque les chercheurs les analyseront selon une méthode scientifique.

- **La méthode scientifique** : méthode la plus utilisée pour obtenir des informations et analyser le comportement et les processus mentaux. Les psychologues l'appliquent à travers différentes techniques.

Bien évidemment, les paroles, les convictions et les actes des psychologues ne sont pas tous basés sur une recherche scientifique ! Ils peuvent s'appuyer sur l'autorité d'experts reconnus, sur une expérience clinique qui dispense d'une recherche systématique ou sur une simple théorie étayée par des arguments rationnels/logiques. Cela dit, la plupart des psychologues préfèrent la méthode scientifique, considérée comme fiable et impartiale.

Exemple

Lorsque je réalise une étude, j'indique clairement ce que je fais et ce que je recherche. Ainsi, si quelqu'un veut me prouver que j'ai tort, il peut reprendre mon étude point par point et voir s'il obtient d'autres résultats. Quand le savoir se base uniquement sur l'autorité, on n'est jamais sûr du bien-fondé de l'information reçue. En revanche, lorsqu'on utilise une méthode scientifique, toute théorie ne correspondant pas aux résultats obtenus empiriquement dans le cadre de l'étude est réfutée. Une nouvelle théorie doit être élaborée.

Une bonne théorie psychologique

Une bonne partie du savoir psychologique se fonde sur la théorie. Mais qu'est-ce qu'une théorie exactement ? Il s'agit d'un ensemble d'assertions concernant certains objets ou événements soumis à l'étude, qui explique les liens existant entre ces objets ou événements.

Quelle est la différence entre une théorie et une hypothèse ? Les psychologues testent les théories en étudiant leurs implications logiques. Les hypothèses qu'ils émettent sont des prédictions basées sur ces implications. Ils peuvent ajouter de nouvelles informations à une théorie ou utiliser une théorie existante pour en élaborer une nouvelle.

Toutes les théories ne sont pas bonnes. Pour être satisfaisante, une théorie doit répondre aux trois critères suivants :

- **Concision** : elle doit expliquer l'observation le plus simplement possible.
- **Précision** : elle doit donner une interprétation de la réalité qui ne soit ni trop vaste ni trop vague.
- **Vérifiabilité** : elle doit se prêter à la recherche scientifique.

Recherches en psychologie et vérité

Deux types de recherche permettent d'évaluer scientifiquement une théorie :

- **La recherche descriptive** : elle consiste à observer et à rassembler des informations sans essayer de manipuler le contexte ou les événements observés. Il s'agit donc de l'observation passive de l'objet de la recherche. Les études descriptives permettent d'élaborer de nouvelles théories et hypothèses et constituent souvent la première étape d'une recherche sans précédent. Néanmoins, elles ne sont pas très adaptées à l'analyse des liens de cause à effet. Si je m'intéresse aux conversations qui ont lieu aux arrêts de bus, je peux les enregistrer et les analyser par la suite. Mais si je veux savoir pourquoi les individus commentent tel ou tel sujet aux arrêts de bus, je dois effectuer une recherche expérimentale.
- **La recherche expérimentale** : ce type de recherche implique le contrôle et la manipulation des événements observés afin de déterminer les liens de cause à effet qui existent entre ces événements. Imaginons la théorie suivante sur les conversations d'arrêts de bus : « Les inconnus engagent la conversation seulement après avoir été en présence les uns des autres pendant au moins cinq minutes. » À partir de là, on formule une hypothèse : « Au bout de cinq minutes, les inconnus engageront

la conversation au-delà des simples civilités. » On doit donc effectuer diverses expériences aux arrêts de bus pour tester l'hypothèse, voire essayer de la réfuter.

En effet, la recherche scientifique ne permet pas vraiment de prouver le bien-fondé d'une hypothèse. Mais elle montre qu'on ne peut pas prouver le contraire. Tant que l'on trouve des informations qui vont dans le sens d'une certaine hypothèse, elle est crédible, mais personne ne peut être sûr qu'elle est bonne. En revanche, dès lors qu'un seul élément contredit l'hypothèse, celle-ci est mise en doute.

Ainsi, ce n'est pas parce que la psychologie traite de l'individu que tout ce qui concerne l'individu fait partie de la psychologie !

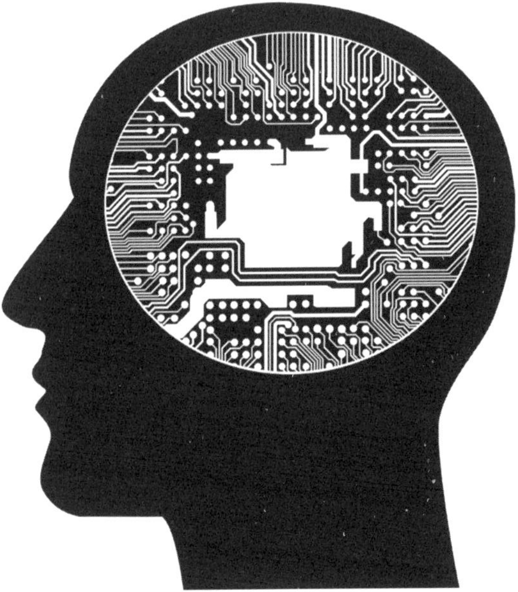

Le cerveau, ordinateur sophistiqué de notre psychologie.

Hardware et software

Il existe toutes sortes de concepts psychologiques, comme la pensée, l'émotion, la conviction et la personnalité. Mais où se situe le siège physique de ces concepts abstraits ? Probablement au niveau du mental. Mais où se situe le mental ? La réponse est facile : dans le cerveau. Pourtant le cerveau est une masse de tissu informe et ridé d'une couleur difficile à définir. On ne peut y voir aucune pensée ni aucune émotion ou conviction.

Aujourd'hui, la plupart des scientifiques pensent que le mental et le cerveau ne font qu'un. Les adeptes de ce courant de pensée, connu sous le nom de *monisme*, affirment que, pour comprendre le mental et tous ses concepts psychologiques, il faut comprendre le corps, notamment le système nerveux, et avoir une bonne connaissance de la biologie.

Ces idées permettent de saisir de graves bouleversements, comme dans le cas de lésions cérébrales. Les personnes qui en souffrent peuvent changer complètement de personnalité et de façon de penser.

Pour respecter les contributions de chacun et analyser les interactions, nous devons trouver un moyen de conceptualiser l'influence de la biologie sur la psychologie, celle de la psychologie sur la biologie, etc.

On compare alors l'individu à un ordinateur. Un ordinateur a au moins deux composantes fonctionnelles : le hardware et le software. Le hardware comprend tous les éléments physiques de l'ordinateur, comme le microprocesseur, le disque dur, les câbles ou le lecteur de CD-ROM. Le software comprend le système d'exploitation, le logiciel de traitement de texte, le tableur, etc.

Dans cette métaphore, le hardware représente la composante biologique, c'est-à-dire le corps physique de l'individu, notamment le système nerveux. Le software représente la composante psychologique et l'interface entre l'utilisateur et le software, la composante sociale. Le hardware est inutilisable sans le software et vice versa. Par conséquent, même si vous n'êtes pas moniste, vous devez respecter le rôle que joue la physiologie (hardware) dans la psychologie (software).

Le terme *bioware* fait référence à la substance physique du cerveau (neurones, tissus et transmetteurs chimiques, par exemple).

Citation

Carlson a dit : « Ce que nous appelons le "mental" est une conséquence du fonctionnement du corps humain et de ses interactions avec l'environnement. »

Le système nerveux

Le système nerveux est une machine aux rouages bien huilés, qui se divise en deux parties :

- le système nerveux central (SNC) ;
- et le système nerveux périphérique (SNP).

Il se compose essentiellement de nerfs, de neurones, de neurotransmetteurs et de cellules gliales. Le SNC englobe le cerveau et la moelle épinière et le SNP les nerfs situés en dehors du SNC, dans la périphérie du corps.

Le système nerveux, en tant qu'élément vivant du corps, a les mêmes besoins que toutes les autres parties du corps (alimentation et protection immunitaire). Il est maintenu en vie par l'appareil circulatoire et certaines fonctions régulatrices.

S'il vous reste quelques souvenirs de vos cours de physique, de chimie ou de biologie, vous savez sans doute que la vie commence par un ensemble d'atomes (soumis aux lois de la physique) regroupés d'une certaine façon pour composer des molécules, qui à leur tour forment des cellules, puis des tissus, et puis… un être humain !

Cependant, la psychologie biologique commence généralement au niveau cellulaire. Il existe deux types de cellules dans le système nerveux : les cellules gliales (cellules d'entretien et de protection) et les neurones (cellules nerveuses).

Le système nerveux périphérique

Le système nerveux périphérique (SNP) est un système de connexions qui permet au cerveau et à la moelle épinière de communiquer avec le reste du corps. Il comprend deux types de nerfs :

- **Les nerfs spinaux** : ces nerfs, qui vont de la moelle épinière aux muscles et autres parties du corps, assurent la transmission bidirectionnelle de signaux neuraux.
- **Les nerfs crâniens** : ces nerfs interviennent dans les processus musculaires et sensoriels de la tête et de la nuque.

Outre ces deux catégories de nerfs, le SNP comporte un sous-système du système nerveux global : le *système nerveux autonome* (SNA). Celui-ci assure la régulation des glandes et de deux types de muscles (lisses et cardiaques). Il intervient dans les actions automatiques ou involontaires, telles que les contractions musculaires réflexes et la dilatation des pupilles.

Le SNA se divise en deux parties :

- **Le système nerveux sympathique** : la branche sympathique du SNA intervient dans l'activation énergétique du corps lorsque celui-ci requiert un apport d'énergie. Par exemple, si vous vous trouvez dans une situation dangereuse, votre système nerveux sympathique (SNS) se déclenche et vous donne l'énergie dont vous avez besoin pour relever le défi ou fuir.

- **Le système nerveux parasympathique** : la branche parasympathique du SNA désactive le SNS lorsque son intervention n'est plus nécessaire. Ce phénomène est parfois qualifié de « réponse de relaxation », car l'activité du SNS est ralentie ou mise en veille afin que l'individu retrouve un fonctionnement normal.

Le système nerveux central et son cerveau

Le système nerveux central se compose du cerveau et de la moelle épinière. Le cerveau se divise en trois parties : le cerveau antérieur, le cerveau moyen et le cerveau postérieur. Chacune de ces parties comporte des sous-structures intervenant dans nos comportements et activités.

Le cerveau est un système intégré complexe. Toutes ses composantes travaillent ensemble pour produire un large éventail de comportements. Le concept de « localisation », découvert grâce à diverses techniques neurologiques, fait référence au rapprochement entre certains types de comportements et certaines parties du cerveau. Par exemple, plusieurs parties du cerveau interagissent pour générer la vision, l'ouïe, la parole, etc.

Le cerveau antérieur humain se divise en différentes parties :

- *Cortex cérébral* : si l'on comparait le cerveau à un champignon composé d'un pied et d'un chapeau, le cortex cérébral serait le chapeau. Il se divise en deux hémisphères cérébraux. Ces deux moitiés communiquent par un faisceau de fibres nerveuses, dites « commissures inter-hémisphériques ». Le cortex cérébral comprend quatre parties, auxquelles sont associées des fonctions particulières :
    - Lobe frontal : planification, organisation, coordination et contrôle des mouvements, raisonnement et contrôle global du processus de pensée.

- Lobe pariétal : reconnaissance sensorielle.
- Lobe temporal : ouïe, parole et autres activités orales.
- Lobe occipital : vision.

- *Système limbique* : situé sous le cortex cérébral, il intervient dans l'apprentissage, la mémoire, le comportement émotionnel et l'accouplement ou la reproduction.
- *Ganglions basaux* : ils interviennent dans le contrôle du mouvement.
- *Thalamus* : ce « standard neural » est le relais des différentes parties du cerveau.
- *Hypothalamus* : il participe au contrôle du système endocrinien et intervient avec le système limbique dans le contrôle des comportements tels que l'agression, l'alimentation, la protection et l'accouplement.

Le cerveau moyen se divise en deux parties aux fonctions suivantes :

- *Tectum* : systèmes auditif et visuel.
- *Tegmentum* : sommeil, éveil cortical, attention, tonicité musculaire et réflexes.

Le cerveau postérieur se divise également en deux parties :

- *Cervelet* : motricité et coordination.
- *Bulbe rachidien* : fonctions vitales du corps, telles que le système cardiovasculaire, la respiration et le mouvement des muscles squelettiques.

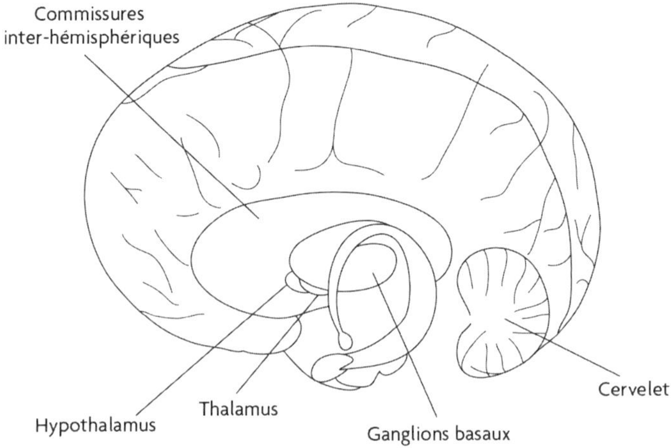

Le système limbique.

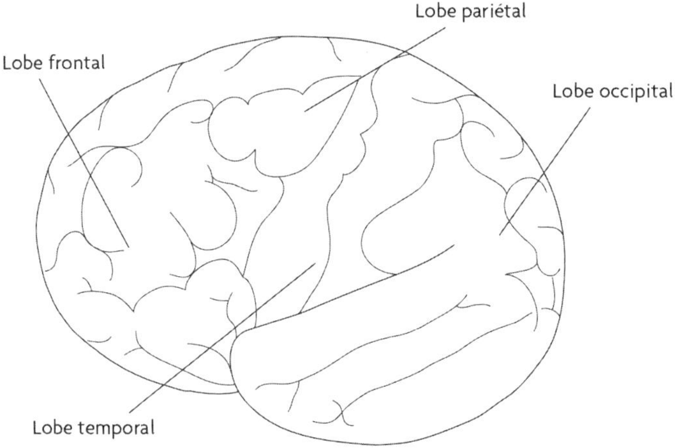

Les lobes du cerveau.

L'impact des lésions cérébrales

Comme nous pouvons le constater, notre cerveau intervient dans tout ce que nous faisons. Alors, que se passe-t-il lorsqu'une partie du cerveau est endommagée ? Le comportement et les processus mentaux associés à la partie endommagée sont altérés. Les neuropsychologues cliniciens s'intéressent en priorité aux conséquences comportementales et mentales des lésions cérébrales.

Le cerveau peut subir différents types de lésions :

- **Lésions cérébrales internes** : ces lésions surviennent lorsque l'individu reçoit un coup sur la tête sans que le crâne soit ouvert. Les plus courantes sont les lésions de contrecoup – la lésion est provoquée à l'opposé de l'endroit qui a reçu le coup. Si vous êtes frappé derrière la tête, vous risquez un contrecoup au niveau du lobe frontal et donc une altération de vos facultés d'organisation et de planification.
- **Lésions cérébrales externes** : ces lésions surviennent lorsque le crâne est ouvert ou fracturé. Elles provoquent souvent des dommages cérébraux graves.
- **Autres troubles cérébraux** : les maladies dégénératives, comme la maladie d'Alzheimer, peuvent provoquer des lésions cérébrales telles que l'atrophie des tissus et la mort des cellules. Les attaques d'apoplexie et autres accidents vasculaires entraînent également des lésions cérébrales dues à des troubles de l'irrigation sanguine et de l'apport en oxygène provoquant la mort des cellules.

Le système endocrinien

Le système endocrinien gère les fonctions hormonales du corps. L'influence des hormones sur le comportement n'est un secret pour personne, notamment pendant cette période de la vie que l'on appelle la puberté.

Un déséquilibre hormonal passager peut avoir des effets considérables sur le comportement. Même des déséquilibres mineurs, comme les fluctuations du cycle menstruel, provoquent des troubles importants. Certaines glandes sécrètent des hormones qui influencent le comportement et les fonctions corporelles.

Par exemple, les ovaires et les testicules influencent grandement le comportement sexuel. Les hormones sexuelles déterminent le moment de l'entrée dans la puberté. Les hormones sécrétées par les glandes surrénales favorisent, quant à elles, un comportement agressif. Enfin, l'hypophyse joue un rôle important dans le stress.

La psychopharmacologie

L'usage de médicaments dans le traitement des maladies mentales s'est beaucoup développé au cours des soixante dernières années. Des centaines de médicaments destinés au traitement de divers troubles mentaux ont été conçus pour améliorer les symptômes, alléger la souffrance et corriger le fonctionnement global de l'organisme – principaux objectifs de la pharmacothérapie. Les symptômes d'une maladie mentale sont souvent liés au dysfonctionnement d'un neurotransmetteur dans une partie du cerveau. Par exemple, on considère que les troubles du sommeil et de l'appétit, souvent constatés lors de symptômes dépressifs graves, sont liés à un dysfonctionnement du système limbique. Par conséquent, les médicaments ont pour but d'influencer le fonctionnement de certains neurotransmetteurs de cette région du cerveau – dans ce cas, c'est la sérotonine qui est visée.

Théoriquement, à chaque trouble ou, plus exactement, à chaque symptôme est associé un certain type de neurotransmetteur. Les médicaments destinés au traitement d'un symptôme particulier ont donc un effet sélectif sur le neurotransmetteur concerné.

Les médicaments utilisés dans le traitement de la *dépression* sont classés dans la catégorie des antidépresseurs. La plupart ont une action sur les neurotransmetteurs suivants : la noradrénaline et la sérotonine.

Les hallucinations auditives ou le sentiment d'être poursuivi par quelqu'un sont des symptômes extrêmement troublants, typiques de la *schizophrénie*. Les médicaments les plus efficaces dans le traitement de ces symptômes sont les antipsychotiques, qui ont une action directe sur la dopamine. Malheureusement, comme tous les médicaments, les antipsychotiques n'agissent pas uniquement sur les neurotransmetteurs des zones du cerveau considérées comme responsables des troubles, et peuvent produire des effets secondaires très désagréables.

L'*anxiété* est le plus courant des troubles mentaux. Des millions de personnes souffrent d'une angoisse intolérable, de crises de panique et de phobies invalidantes. Les anxiolytiques sont des médicaments conçus pour réduire ces symptômes. Les psychiatres et les médecins généralistes prescrivent généralement des anxiolytiques de la catégorie des benzodiazépines, qui agissent sur le neurotransmetteur GABA et ont un effet de refoulement sur le système nerveux central. Autrement dit, elles ralentissent le fonctionnement du cerveau ; malheureusement, elles créent un phénomène de dépendance très important.

Les médicaments les plus fréquemment prescrits pour traiter les troubles psychologiques

Grands groupes de médicaments

Médicaments	**Problème**	**Exemple courant**
Antidépresseurs	Dépression	Prozac
	Trouble panique	Zoloft
	Troubles obsessionnels compulsifs	Paxil
Médicaments	Problème	Exemple courant
	Boulimie	
	Phobie sociale	
Anxiolytiques	Insomnie	Benzodiazépines
	Anxiété situationnelle	
	Trouble d'anxiété généralisé	
	Trouble panique	

Antipsychotiques	Schizophrénie	Haldol
	Manie	Zyprexa
	Dépression psychotique	
Stabilisateurs d'humeur	Manie	Lithium
	Trouble bipolaire	Dépakote
Stimulants	Troubles de l'attention avec hyperactivité	Ritaline

La conscience

La conscience est un concept insaisissable. Nous savons qu'elle existe, mais il est difficile de la désigner du doigt. Elle existe sous la forme d'une voix intérieure, de la conscience de soi, de l'environnement et de l'expérience personnelle. Mais nous ne sommes pas conscients de tous nos processus mentaux, de toutes nos sensations corporelles et de tout ce qui se passe dans notre mental. Par exemple, vous n'entendez généralement pas le battement de votre cœur lorsque vous marchez dans la rue, mais vous pouvez l'entendre si vous y prêtez attention. Vous pouvez devenir conscient de quelque chose dont vous étiez jusque-là inconscient.

Être conscient, c'est avoir une lumière allumée dans le cerveau. Lorsque la lumière s'éteint, on est inconscient. La conscience nous permet de contrôler notre environnement mais aussi nos propres actions et comportements. Cela dit, lorsque nous nous trouvons à l'angle d'une rue très fréquentée, nous ne sommes pas conscients de tout ce qui se passe. La conscience a donc ses limites.

La conscience, aussi insaisissable soit-elle, peut être appréhendée d'au moins trois façons différentes :

- **L'expérience subjective de sa propre conscience** : avez-vous déjà fait un rêve dans lequel vous saviez que vous rêviez ? Vous étiez conscient d'être endormi. Lorsque vous êtes conscient de votre sommeil ou de votre état de veille, vous êtes conscient de votre propre conscience.

- **L'observation de ses actions délibérées** : la conscience a la particularité d'arbitrer le comportement. Parfois, vous agissez de façon impulsive et réflexe ; vous ne réfléchissez pas à ce que vous faites. Mais vos actions peuvent aussi être précédées d'une étape de délibération consciente, d'un acte de volonté. Dans ce cas, vous analysez consciemment ce que vous allez faire. Lorsqu'un individu fait quelque chose délibérément, il est considéré comme conscient.
- **La mesure de l'activité électrique du cerveau** : la conscience peut aussi être observée physiologiquement grâce à la mesure de l'activité cérébrale. On utilise un électroencéphalogramme pour mesurer les ondes cérébrales, c'est-à-dire l'activité électrophysiologique du cerveau. Les différents tracés de l'activité cérébrale correspondent à différents niveaux de conscience observables.

Les états modifiés de la conscience

Pour modifier leur niveau de conscience, les êtres humains ont recours à la méditation, aux rites religieux, à la privation de sommeil et à beaucoup d'autres méthodes.

Le chercheur américain Stanley Krippner a identifié plus de vingt états modifiés de conscience. Le plus courant est le rêve. Mais voici les plus intrigants parmi ceux qu'il a décelés :

- **Extase** : sensation intense d'une émotion irrésistible, perçue comme agréable et positive. Selon les expériences rapportées, elle peut survenir à la suite de rapports sexuels, de danses rituelles, de rites religieux ou de l'absorption de substances psychoactives.
- **État méditatif** : activité mentale minimale impliquant une réduction de l'imagerie mentale et pouvant être atteinte par la méditation, le yoga ou même la prière.
- **État de transe** : état de veille très suggestible. Un individu en transe est concentré sur un seul stimulus et inconscient de tout le reste. Les rites religieux, le chant sacré, l'hypnose, le lavage de cerveau et même la musique peuvent induire un état de transe.

- **Rêve éveillé** : pensées rapides sans aucun lien avec l'environnement actuel de l'individu, qui peuvent être provoquées par l'ennui, l'isolation sensorielle et la privation de sommeil.
- **Conscience élargie** : conscience accrue inaccessible dans la vie de tous les jours. Toutes sortes de méthodes ont été testées pour élargir la conscience, de l'usage de drogues à l'isolation sensorielle. Il existe quatre niveaux de conscience élargie :
  - *sensoriel* : appréhension modifiée de l'espace, du temps et autres phénomènes sensoriels.
  - *remémoratif-analytique* : expérience dans laquelle l'individu acquiert de nouvelles idées et révélations sur lui-même, le monde et son rôle dans le monde.
  - *symbolique* : identification à un personnage historique ou à une personne célèbre, accompagnée de symboles mystiques.
  - *intégral* : expérience religieuse et/ou mystique impliquant généralement la présence de Dieu ou d'une autre force surnaturelle. L'individu a le sentiment de fusionner avec l'univers. Cet état a également été désigné sous le nom de *conscience cosmique*. Très peu d'individus sont capables d'atteindre ce niveau de conscience.

Les expériences de Baba Ram Das

Selon Stanley Krippner, un état modifié de conscience est un état mental perçu subjectivement comme une différence de fonctionnement psychologique par rapport à l'état de veille normal d'un individu. L'aspect subjectif de cette différence a été très bien illustré grâce au récit rapporté par un sage oriental appelé Baba Ram Das.

À l'origine, Baba Ram Das s'appelait Richard Alpert. Dans les années 1960, il était professeur de psychologie à l'université de Harvard, où il étudiait de façon expérimentale les effets du LSD avec la complicité de Timothy Leary. Les deux hommes ont fini par être renvoyés de l'université. Alpert s'est alors rendu en Inde pour chercher la voie de la sagesse hindoue et essayer de trouver une personne susceptible de lui expliquer les raisons des effets profonds du LSD sur la conscience. Un jour, Baba Ram Das a rencontré un gourou très sage et respecté. Il lui a alors demandé s'il pouvait expliquer les effets du LSD. Le gourou a demandé à essayer. Baba Ram Das n'avait jamais vu aucun être humain prendre une dose aussi importante du produit. Mais la drogue n'a pas eu le moindre effet sur le gourou, qui n'a subi aucune modification de son état de conscience. Pas de trip. Sans doute le sage était-il déjà dans une sorte de « trip dans la réalité » ou sous « LSD spirituel ».

Le saviez-vous

La méthode la plus couramment utilisée pour atteindre un état modifié de conscience est sans doute l'usage de drogues, et ce depuis très longtemps. Les archéologues ont ainsi trouvé des traces de cocaïne dans les corps momifiés de l'Égypte ancienne.

Quand la psyché s'échappe.

Les rêves

Sigmund Freud aurait dit que le rêve est la « voie royale » qui mène à l'inconscient. Il s'agit d'un autre état modifié de conscience, auquel la plupart des gens accordent une valeur symbolique, voire prophétique. D'après la théorie régénératrice du sommeil, le rêve est un produit dérivé du cerveau, qui réorganise et stocke l'information accumulée au cours de la journée. Cette théorie rend l'interprétation des rêves possible. En effet, puisque ceux-ci sont liés à des situations et à des événements réels, ils peuvent avoir un sens.

La psychanalyse a révélé l'importance du rêve sur le plan psychologique. Et certains psychanalystes, dont Freud, affirment que les rêves ont une signification plus profonde qu'il n'y paraît en surface. Par exemple, si vous rêvez que vous achetez une nouvelle voiture, votre rêve ne signifie pas seulement que vous voulez une nouvelle voiture. Il peut avoir plusieurs significations, qui dépendent de votre constitution psychologique. L'interprétation donnée à un rêve est nécessairement idiosyncrasique. Dans votre cas, la voiture est peut-être un symbole de mouvement, qui exprime un désir refoulé de liberté. Ainsi, les psychanalystes pensent que le contenu des rêves représente des désirs, des problèmes ou des conflits intérieurs profonds mais inconscients.

Pourtant les rêves, ainsi que leurs interprétations, sont des phénomènes très personnels et subjectifs qui restent difficiles à déchiffrer. Ils sont souvent complexes et n'ont apparemment aucun sens. Par diverses techniques, les psychanalystes aident leurs patients à découvrir le sens de leurs propres rêves.

Même s'ils ne peuvent être analysés d'une manière rigoureusement scientifique, l'idée qu'ils ont un sens profond ne doit pas être abandonnée. L'interprétation des rêves dans le cadre d'une thérapie, qu'elle soit factuellement correcte ou non, est une expérience passionnante et souvent utile.

Les rêves retranscrivent nos mondes intérieurs.

Ontologie et matérialisme

« Voir, c'est croire ! » Cet adage en dit long sur nous-mêmes. Il nous est plus facile de comprendre quelque chose que nous pouvons voir, toucher, entendre, etc. Une branche de la philosophie s'intéresse à la question : l'*ontologie*, c'est-à-dire l'étude de l'être.

Les psychologues ont aussi essayé d'apporter une réponse en suivant leur propre philosophie, selon laquelle tout dans le monde est fait de matière. C'est ce qu'on appelle le *matérialisme*.

La psychologie ne peut ignorer ces axes de réflexion philosophiques, car elle englobe différents domaines d'étude, qui visent tous à expliquer pourquoi nous faisons ce que nous faisons et comment nous le faisons. La psychologie, en tant qu'étude du comportement et des processus mentaux, s'intéresse nécessairement au fonctionnement des sens.

Nous ne sommes généralement pas conscients de leur importance. Et pourtant, toute la journée, nous appréhendons le monde qui nous entoure par nos sens. Nous ne sommes pas uniquement des cerveaux flottant à l'intérieur de corps qui n'ont aucun contact avec le monde extérieur. Au contraire, nous sommes sans cesse en contact avec notre environnement. Nous absorbons l'information que celui-ci nous fournit, nous la traitons, et nous l'utilisons pour naviguer dans un vaste océan de possibilités. Comment avons-nous accès à cette information ? Grâce à la matière qui la compose – d'où l'importance de comprendre la philosophie du matérialisme.

Les outils de la sensation

Les physiciens et les chimistes savent depuis longtemps que notre monde est fait de matière : particules, atomes, molécules et autres formes d'énergie.

Fondamentalement, l'univers est une grosse boule d'énergie. Chaque chose correspond à une certaine configuration de l'énergie. Par conséquent, on peut définir la sensation comme le processus par lequel on acquiert mentalement des informations sur le monde grâce à la réception de ses diverses formes d'énergie. Les formes d'énergie avec lesquelles les êtres humains sont le plus souvent en contact sont la lumière (énergie électromagnétique), le son (énergie acoustique ou ondes sonores), la chaleur (énergie thermique), la pression (énergie mécanique ou physique) et l'énergie chimique.

Certains organismes sont en contact avec les mêmes formes d'énergie que les êtres humains mais y sont davantage sensibles. Par exemple, les requins sentent les particules chimiques, comme le sang, à partir d'une quantité bien moindre. De même, les chiens peuvent entendre des fréquences sonores plus élevées.

À chaque forme d'énergie correspond un type de récepteur. Les êtres humains sont dotés de cinq sens, dont chacun est réceptif à une forme d'énergie particulière :

- **Vue** : récepteur de l'énergie lumineuse.
- **Ouïe** : récepteur de l'énergie acoustique (ondes sonores).
- **Toucher** : récepteur de l'énergie mécanique.
- **Odorat** : récepteur de l'énergie chimique véhiculée par l'air.
- **Goût** : récepteur de l'énergie chimique.

Le saviez-vous

La *sensation* est le processus qui consiste à recevoir une énergie brute, une information émise par l'environnement. La *perception* est le processus d'organisation de cette énergie brute en vue de lui donner un sens.

Le toucher est le récepteur de l'énergie mécanique.

La synesthésie

Certaines personnes affirment qu'elles entendent la lumière et voient les sons. D'autres déclarent ressentir les couleurs. La synesthésie est l'aptitude à appréhender une ou plusieurs formes d'énergie par un mécanisme sensoriel autre que celui qui intervient habituellement. On estime que ce phénomène concerne environ une personne sur deux mille. Les scientifiques l'assimilent au croisement de certaines connexions cérébrales. Simon Baron-Cohen, psychologue britannique connu notamment pour ses travaux récents sur l'autisme, a émis l'hypothèse selon laquelle des connexions cérébrales supplémentaires permettent l'interaction de mécanismes sensoriels normalement séparés.

Le saviez-vous

On appelle *seuil absolu* la quantité minimale d'énergie qu'un mécanisme sensoriel peut détecter. Chaque mécanisme sensoriel a son propre seuil absolu, au-dessous duquel l'énergie n'obtient aucune attention perceptuelle.

La perception

Le monde avec lequel nous sommes en contact par l'intermédiaire de nos sens est beaucoup plus complexe qu'un simple ensemble de sons, d'odeurs, de goûts et autres sensations. Nous entendons des symphonies, pas uniquement des notes. Nous voyons des feux d'artifice, pas de simples photons de lumière. Tout cela est accessible grâce à la perception.

La perception est un processus qui organise et analyse les diverses sensations perçues chaque jour pour leur donner un sens. Si la sensation nous fournit la matière première, la perception est le produit fini.

Il existe deux visions de ce processus complexe :

- **La vision écologique** : elle consiste à dire que notre environnement nous fournit toutes les informations dont nous avons besoin pour appréhender le monde ; très peu d'interprétation ou de construction est nécessaire. Par exemple, lorsque vous percevez un arbre, ce n'est pas parce que vous en avez construit une perception dans votre mental. Vous le percevez parce qu'il vous fournit toutes les informations nécessaires pour le percevoir tel qu'il est.
- **La vision constructiviste** : dans ce cas, on considère que le processus de perception nécessite une connaissance préalable permettant de construire la réalité à partir de fragments de

sensations. Nous ne recevons pas l'information sensorielle de façon passive. Nous construisons activement ce que vous voyons, entendons, etc.

Écologique ou constructiviste, le processus de perception est soumis à certaines règles de fonctionnement et notre mécanisme de perception est doté d'un système intégré de sélection des informations. Nos motivations et nos penchants personnels déterminent notre critère de réponse et jouent un rôle important dans notre aptitude à détecter correctement un signal.

Perception et expérience

Le mécanisme perceptuel ne repose pas sur un ensemble de règles arbitraires et de processus aléatoires. Au fil du temps, les psychologues et autres chercheurs ont découvert un certain nombre de principes selon lesquels le mécanisme perceptuel organise les informations qui lui sont transmises par les mécanismes sensoriels.

- **Fond et figure** : les informations sont automatiquement réparties dans la catégorie du fond ou dans la catégorie de la figure. En règle générale, les informations figuratives sont plus faciles à déchiffrer, tandis que le fond est moins pertinent. Songez aux images en noir et blanc qui peuvent être perçues de deux façons différentes : selon que vous vous concentrez sur la zone blanche ou sur la zone noire, vous rendez figurative la zone sur laquelle vous vous concentrez.
- **Regroupement** : ce principe consiste à déterminer si un stimulus fait partie d'un groupe constitué de stimuli ayant les mêmes caractéristiques. Les stimuli sont regroupés en fonction des critères suivants :
  - *La proximité* : les stimuli sont situés à proximité les uns des autres dans l'espace.
  - *Le sort commun* : ils se déplacent dans la même direction et au même rythme.

    - *La continuité* : les stimuli créent une forme continue.
    - *La similarité :* ils sont similaires.
- **Clôture** : ce principe se base sur notre tendance à reconstituer un stimulus dans son intégralité malgré des informations manquantes.

Aujourd'hui, la plupart des psychologues sont des adeptes de la vision constructiviste. Nous serions ainsi nés avec quelques règles d'organisation de l'information, mais d'autres facteurs peuvent influencer la façon dont nous percevons notre environnement.

Notre expérience a un effet considérable sur notre perception. Nous avons tous un *filtre perceptuel*, c'est-à-dire une idée préconçue de ce que nous percevons. Nous utilisons des indices issus du contexte et de notre expérience pour déchiffrer ce que nous voyons. Par exemple, si je vois un individu vêtu d'un uniforme de police debout devant la fenêtre d'une voiture, j'en déduis qu'il arrête la circulation. En réalité, il pourrait aussi bien demander son chemin, mais ce n'est pas ce que me dit mon expérience. Notre culture, au sens large, influence aussi énormément notre perception.

Le test de Turing

Alan Turing est le créateur du test de Turing.

Ce test se base sur un jeu populaire dans les salons à une certaine époque : il s'agissait de placer un homme et une femme derrière deux portes différentes. Les invités devaient communiquer avec eux par des notes tapées à la machine. Le but était de deviner qui était l'homme et qui était la femme d'après leurs réponses à des questions.

Turing a adapté ce jeu pour répondre à une question essentielle : Une machine peut-elle être douée de pensée ? Question qui agite plus que jamais le monde de l'intelligence artificielle.

Ainsi a-t-il remplacé les deux personnes inconnues par un ordinateur et un être humain. S'il s'avérait impossible de distinguer l'un de l'autre dans le cadre d'une conversation limitée, l'ordinateur devait être considéré comme intelligent.

Le test a été par la suite beaucoup remis en question, notamment en raison des faiblesses de l'exercice : il repose sur l'hypothèse que les êtres humains sont capables d'évaluer l'intelligence d'une machine, par comparaison avec le comportement humain.

Portrait

Nom : TURING
Prénom : Alan
Nationalité : britannique
Dates : 1912-1954

Spécialité : les mathématiques et la cryptologie.
Connu pour : son test bien sûr, mais il est surtout célèbre pour avoir décrypté Enigma, la machine de codage des Allemands pendant la Seconde Guerre mondiale.

Dans la Grande-Bretagne des années 1950, il sera condamné en raison de son homosexualité.

Alan Turing, génie mal-aimé de son temps (ici sur son passeport à 16 ans).

La conceptualisation

Un concept est une pensée ou une idée qui représente un ensemble d'idées ayant un rapport les unes avec les autres. Les relations amoureuses constituent un concept, tout comme la politique et le temps.

Lorsque différents objets ont les mêmes caractéristiques, ils représentent le même concept. Certains concepts sont bien définis et d'autres non.

Aux premiers stades de notre développement, nous associons les attributs d'un concept de façon progressive, en partant de caractéristiques simples pour ensuite composer des unités plus complexes, jusqu'à ce que notre réseau conceptuel d'informations acquière une capacité immense. Notre pensée est beaucoup plus complexe que la compréhension d'un seul mot. Au bout d'un certain temps, nous combinons les mots en phrases, les phrases en paragraphes, etc.

Exemple

Voici un ensemble de mots : Queue – Poils – Crocs – Quadrupède

Qu'est-ce que ces mots évoquent ? Un chien ? Un chat ? Un ours ?

Ils ne suffisent pas à définir un seul et unique concept. Il faut davantage d'informations pour se faire une idée précise. Si nous ajoutons le verbe *aboyer*, pouvez-vous déterminer le concept décrit, maintenant ? Oui, il s'agit d'un chien. Le verbe définit à lui seul le concept de chien. Il s'agit de l'*attribut déterminant* du concept. Cet attribut est indispensable à la classification de l'objet en tant qu'exemple du concept.

La plupart des oiseaux volent, mais pas tous. Pour cette catégorie, voler serait un *attribut caractéristique*, un attribut que la plupart des éléments du concept possèdent mais pas tous.

Ensuite, nous disposons de *prototypes*, c'est-à-dire d'exemples types du concept représenté : une chaise que nous imaginons tous spontanément avec quatre pieds et un dossier.

Nous construisons des *modèles mentaux* en regroupant plusieurs propositions pour comprendre comment les concepts sont reliés entre eux, mais aussi des *schémas* (unités de compréhension qui représentent le monde).

Les attributs sont combinés en concepts, les concepts en propositions, les propositions en modèles mentaux, et les modèles mentaux en schémas, lesquels constituent les unités de base de la compréhension et de la représentation du monde dans le langage de la pensée.

Les mécanismes fondamentaux de la pensée

Notre pensée repose sur la compréhension et la représentation conceptuelles du monde dans lequel nous vivons. Mais, une fois que nous avons tous ces concepts dans la tête, qu'en faisons-nous ?

Comment notre pensée utilise-t-elle les concepts pour naviguer dans le monde et résoudre les problèmes auxquels nous sommes confrontés tous les jours ? Si la pensée est une sorte d'algorithme et le mental un ordinateur puissant, comment les calculs sont-ils effectués ?

La plupart du temps, la pensée est organisée et orientée vers un but. Certains disent même qu'elle est logique et rationnelle. La pensée organisée est soumise à des règles et fondée sur un objectif qui consiste à résoudre les nombreux problèmes de notre quotidien. Quel est le premier problème auquel nous sommes confrontés ? Notre survie. La pensée a un but et oriente nos actions en fonction de nos différents objectifs, dont le premier est de rester en vie !

Les mécanismes fondamentaux de la pensée, c'est-à-dire l'« architecture de la pensée », s'organisent grâce aux quatre outils suivants pour fonctionner :

- **Stimuli** : informations sensorielles provenant de l'environnement ou du mental lui-même.
- **Mémoire** : système de stockage de la connaissance. L'information (les noms, les dates d'anniversaire, etc.) est stockée dans la mémoire.
- **Opérations** : règles qui déterminent la façon dont l'information stockée dans la mémoire est utilisée (raisonnement, résolution de problèmes et analyse logique).
- **Réaction** : programme destiné à dire au reste du mental et au corps ce qu'ils doivent faire une fois les opérations de pensée effectuées.

La mémoire à court terme

La pensée implique la manipulation de symboles mentaux stockés sous forme de concepts dans notre mémoire. Il existe trois différents systèmes de stockage : la mémoire sensorielle, la mémoire à court terme et la mémoire à long terme.

La *mémoire sensorielle* est un système de mémorisation très éphémère qui stocke l'information captée par les sens. Avez-vous déjà regardé le Soleil puis fermé les yeux ? Que s'est-il passé ? Vous avez continué à voir une forme de soleil dans votre tête.

La *mémoire à court terme* (MCT) comporte les informations actuellement actives dans votre conscience, tout ce dont vous êtes conscient. La lumière qui éclaire la page de ce livre, les mots que vous lisez, le gargouillis de votre estomac et le bruit de la circulation de l'autre côté de votre fenêtre font partie de votre conscience consciente et sont stockés dans votre MCT. Ce dont vous n'êtes pas conscient est orienté vers votre mémoire à long terme ou tout simplement oublié.

Le saviez-vous

Quelle est la capacité de stockage de la MCT ? D'après les experts, sept éléments en moyenne, avec une marge de plus ou moins deux éléments, peuvent être stockés dans la MCT. Mais, grâce à un processus de « morcellement », nous pouvons en stocker beaucoup plus. Certaines méthodes mnémotechniques, comme les acronymes, se basent sur ce processus. Pour mémoriser plusieurs mots, on peut aussi les classer dans un certain ordre, de façon à composer une phrase facile à retenir. Par exemple, à l'école primaire, les conjonctions de coordination sont présentées aux élèves dans l'ordre suivant : mais, ou, et, donc, or, ni, car.

La durée de mémorisation de l'information au sein de la MCT est d'environ dix-huit secondes. Mais on peut augmenter ce temps grâce à la « répétition », c'est-à-dire en répétant l'information, mentalement ou à voix haute, afin de ne pas l'oublier.

La mémoire à long terme

Si l'information stockée dans la mémoire à court terme (MCT) est répétée suffisamment longtemps, elle finit par intégrer la mémoire à long terme (MLT). Il existe deux moyens de stocker des informations dans la MLT :

- **La répétition d'entretien** : à force d'être répétée pour ne pas être oubliée, l'information stockée dans la MCT est transférée dans la MLT.
- **La répétition élaboratrice** : le mental joue un rôle élaborateur à partir de l'information en intégrant celle-ci dans les souvenirs déjà présents. Lorsque l'information est pertinente et fait référence à quelque chose que vous connaissez, il vous est plus facile de la mémoriser que de l'oublier.

La mémoire à long terme se divise en trois parties :

- **La mémoire épisodique** : événements et situations spécifiques de votre vécu (mariage, anniversaire, diplôme, accident de voiture, etc.).
- **La mémoire sémantique** : informations factuelles, comme les jours fériés, le nom du premier président de la Ve République ou un numéro de Sécurité sociale.
- **La mémoire procédurale** : informations concernant des procédures, comme faire de la bicyclette, résoudre un problème arithmétique ou lacer ses chaussures.

Théoriquement, la capacité de la MLT est infinie, car les chercheurs n'en ont toujours pas trouvé les limites. Cela peut paraître étrange si l'on considère la quantité d'informations que nous semblons oublier. Si l'information est là, quelque part, pourquoi l'oublions-nous ? L'oubli provient d'une incapacité à accéder à l'information et non à l'absence d'information dans le système de stockage. Ce problème d'accès est dû à deux types d'obstacles, tous deux liés à l'interférence d'autres informations :

- **Interférence rétroactive** : vous avez des difficultés à vous souvenir d'informations anciennes en raison de l'interférence d'informations récentes.
- **Interférence proactive** : vous avez des difficultés à vous souvenir d'informations récentes en raison de l'interférence d'informations anciennes.

Raisonnement et logique

On considère que le raisonnement et la capacité à résoudre des problèmes de façon logique sont les deux principales aptitudes qui distinguent les êtres humains des animaux. En effet, les animaux ne raisonnent pas, même si de nombreuses personnes sont pourtant persuadées du contraire.

Le raisonnement est un processus cognitif qui consiste à tirer des conclusions à partir de prémisses avérées. Prenons, par exemple, les prémisses suivantes : « Tous les camions de pompiers sont rouges » et « Mon père conduit un camion de pompiers ». La conclusion logique est la suivante : « Mon père conduit un camion rouge. »

Le raisonnement nous permet de vérifier la validité et la logique de nos conclusions. Autrement dit, si vos arguments sont logiques, votre raisonnement est bon. Mais si vous dites : « Tous les camions de pompiers sont rouges », « Mon père conduit un camion rouge », donc « Mon père conduit un camion de pompiers », ce n'est pas logique !

La logique est le baromètre de la validité du raisonnement. Tous les problèmes de raisonnement ont deux composantes de base :

- **Les prémisses** : propositions admises concernant un objet ou un événement, à partir desquelles des conclusions vont pouvoir être tirées.
- **Les conclusions** : propositions dérivées des prémisses, qui ne sont valides que si elles sont logiques.

Il existe deux principaux types de raisonnement :

- **Le raisonnement inductif** : ce type de raisonnement consiste à faire des observations (prémisses) afin de recueillir des informations susceptibles de confirmer ou d'infirmer (validation) un résultat ou une situation hypothétique (conclusion).
- **Le raisonnement déductif** : ce type de raisonnement s'appuie sur des prémisses qui constituent des preuves de la validité de la conclusion. Une conclusion basée sur un raisonnement déductif est nécessairement valide puisqu'elle repose sur des prémisses valides. Le processus de déduction va souvent de la généralité au cas particulier.

L'intelligence

Les psychologues essaient de définir l'intelligence depuis longtemps.

Nous sommes tous différents en ce qui concerne nos capacités à résoudre les problèmes, apprendre, penser logiquement, parler correctement, comprendre et acquérir des concepts, gérer l'abstraction, intégrer des idées, atteindre des objectifs, etc. Cette liste impressionnante d'aptitudes constitue, en partie, ce que nous appelons l'intelligence.

Si on veut la définir de façon plus concrète, l'intelligence est un ensemble d'aptitudes permettant à un individu d'expérimenter, de penser, d'apprendre et de s'adapter au monde. Cette définition est assez vaste pour inclure des concepts tels que le bon sens, une qualité qui manquerait aux psychothérapeutes d'après un bon nombre de leurs patients.

Le saviez-vous

L'intelligence a des incarnations multiples dans toutes les mythologies du monde :

- **Minerve** : déesse romaine de la guerre, de la sagesse, de la stratégie, de l'intelligence.
- **Métis** : océanide grecque, incarnant la prudence, la ruse et l'intelligence.
- **Omoikane** : déité (kami) japonaise de l'intelligence et de la réflexion (*omoi-kane* signifiant « rassembler ses pensées ») et du conseil avisé.

- **Sarasvati** : déesse bouddhiste de l'intelligence, de l'écriture et des sciences.

La déesse Sarasvati, symbole d'intelligence.

La théorie des deux facteurs

Depuis le début de leurs études sur l'intelligence, les psychologues utilisent des tests psychologiques. Ces tests ont permis de dégager une théorie de l'intelligence basée sur deux facteurs :

- **Le facteur général** : les psychologues soumettent à leurs patients un ensemble de tests d'aptitudes mentales. Une fois les résultats obtenus, ils effectuent une moyenne entre toutes les aptitudes et déterminent le facteur d'intelligence général. Le facteur général représente l'intelligence globale de l'individu en fonction de ces tests. Ce concept correspond à ce qu'on appelle la « théorie psychométrique » de l'intelligence. *Psycho* signifie psychologique et *métrique* fait référence à une évaluation par un test.
- **Les facteurs spécifiques** : les résultats de chaque test représentent les facteurs spécifiques, c'est-à-dire les aptitudes d'un individu dans chaque domaine testé. L'ensemble des facteurs spécifiques constitue le facteur général. Les facteurs d'intelligence spécifiques les plus couramment testés sont la mémoire, l'attention et la concentration, la compréhension verbale, le vocabulaire, les aptitudes spatiales et le raisonnement abstrait.

D'après la théorie psychométrique, l'intelligence est donc le résultat d'un test d'intelligence composé de plusieurs sous-ensembles de tests. En général, les individus qui ont de bons résultats à un test réussissent également les autres tests. Autrement dit, il existe un lien entre les aptitudes évaluées par les différents tests.

La théorie triarchique de Sternberg

Robert Sternberg, psychologue et professeur de psychologie cognitive américain né en 1949, a mis au point la théorie triarchique de l'intelligence en partie pour prendre en compte la notion de bon sens.

En effet, Sternberg a considéré que le bon sens, ou l'intelligence pratique, était un aspect important de l'intelligence. Les trois axes de sa théorie sont les suivants :

- **Intelligence componentielle** : intelligence regroupant essentiellement les facteurs spécifiques évalués par les tests d'intelligence traditionnels (mémoire, élocution, etc.). D'après Sternberg, ces aptitudes sont souvent déconnectées des questions et des problèmes de la vie de tous les jours. Einstein semblait avoir ce type d'intelligence.
- **Intelligence expérientielle** : intelligence relative à l'aptitude à gérer deux types de problèmes différents, les nouveaux et les routiniers. Elle requiert la capacité de distinguer les nouveaux problèmes et ceux de tous les jours, de chercher et de générer des solutions et de mettre en œuvre ces dernières.
- **Intelligence contextuelle** : intelligence pratique, qui permet à un individu de vivre sa vie quotidienne sans traverser la route devant les voitures ni laisser les ordures s'amonceler jusqu'au plafond. Il s'agit du fameux bon sens.

Anecdote

La rumeur court qu'Albert Einstein était extrêmement intelligent et doué en mathématiques et en physique, mais qu'il ne savait pas lacer ses chaussures.

Le célèbre Albert Einstein, ou l'intelligence qui tire la langue (sculpture située à Ulm).

Les intelligences multiples de Gardner

D'après le psychologue américain Howard Gardner, les hommes comme Mozart ou Michael Jordan possèdent en réalité un type d'intelligence spécifique, qui n'est généralement pas considéré comme de l'intelligence mais plutôt comme du talent.

En 1983, Gardner a mis au point une théorie connue sous le nom d'*intelligences multiples* à partir de l'observation d'individus extrêmement doués et talentueux.

Il a ainsi identifié sept types d'intelligence, traditionnellement ignorés :

- **Aptitudes physiques-kinesthésiques** : Michael Jordan semble avoir beaucoup d'aptitudes dans ce domaine. Les individus qui sont dans ce cas ont une bonne coordination, un bon sens de l'équilibre, une compréhension et un contrôle de leur corps supérieurs à la moyenne au cours des activités physiques.
- **Aptitudes musicales** : les individus particulièrement doués dans ce domaine peuvent lire, composer et jouer de la musique avec une facilité exceptionnelle.
- **Aptitudes spatiales** : ce type d'intelligence fait référence à la capacité à se situer ou à se déplacer dans l'espace et à visualiser des scènes en trois dimensions.

- **Aptitudes linguistiques** : aptitudes à lire, à écrire et à parler correctement. Les personnes qui s'expriment bien, ainsi que les poètes, les écrivains et les orateurs de talent ont beaucoup d'aptitudes dans ce domaine.
- **Aptitudes logiques-mathématiques** : ce type d'intelligence comprend la capacité à résoudre des problèmes mathématiques élémentaires ou complexes.
- **Aptitudes interpersonnelles** : un individu doué dans ce domaine sait mener une conversation et avoir de bonnes interactions avec les autres.
- **Aptitudes intrapersonnelles** : l'intelligence intrapersonnelle fait référence à la capacité à comprendre ses propres motivations, émotions et autres aspects de sa personnalité.

Chaque individu possède des degrés d'intelligence variables selon les domaines. Par exemple, on peut être excellent en sport, en chant et en maths, mais cela n'empêche pas de se perdre dans son propre jardin, d'être incapable de tenir une conversation et d'être le dernier à se rendre compte de ses émotions.

L'instinct

Un instinct est un comportement automatique et involontaire qui n'a pas fait l'objet d'un apprentissage et survient en réaction à un stimulus spécifique. L'être humain a plusieurs sortes d'instincts, comme l'instinct de survie ou l'instinct maternel. Nos instincts nous motivent, dans le sens où nous agissons parce que nous le devons. Nous agissons de façon automatique et involontaire.

Certains psychologues proposent un classement de nos instincts en fonction de leurs objectifs respectifs : chaque instinct orienterait notre comportement en vue de la réalisation d'un objectif précis – comme survivre, élever un enfant, chercher de la nourriture et s'accoupler.

De nombreuses études concernant l'instinct ont été réalisées sur des animaux. Pourquoi les oies sauvages volent-elles vers le sud avant l'hiver ? Parce que leur instinct leur dit de le faire. Konrad Lorenz, biologiste et zoologiste autrichien, a longuement observé les comportements instinctifs des animaux. Il a une *approche éthologique* de la motivation et, d'après Herbert Petri, un éthologiste, tout comportement instinctif est une réaction à un *stimulus-clé* qui peut provenir de l'environnement ou d'autres membres du groupe (« phéromones de déclenchement »).

Les comportements provoqués par un stimulus-clé sont des *formes spécifiques de conduite*, invariables et automatiques. Parmi ces formes spécifiques, Konrad Lorenz a identifié ce qu'il a appelé l'*empreinte*, c'est-à-dire l'instinct qui lie un jeune animal à celui qu'il reconnaît comme parent.

La motivation selon Clark Hull

Il est difficile d'imaginer la vie sans la motivation. Quoi que nous fassions, notre motivation dépend d'un certain processus psychologique. Clark Hull, psychologue béhavioriste américain, a élaboré une théorie de la motivation basée sur la satisfaction des besoins. Les besoins sont générés par deux facteurs : l'*homéostasie* et la *restauration de l'équilibre*.

En cas d'homéostasie, les besoins de l'individu sont satisfaits et l'équilibre est atteint. Lorsque les besoins de l'individu ne sont pas satisfaits, celui-ci est déséquilibré et motivé pour restaurer l'équilibre par la satisfaction de ses besoins.

La théorie de Hull est désignée sous le nom de *théorie pulsionnelle*, car l'individu est soumis à une pulsion qui le pousse à satisfaire ses besoins. Les pulsions sont des motivations orientées vers la satisfaction et l'homéostasie. Il existe deux sortes de pulsions :

- Les besoins biologiques dont la satisfaction est nécessaire à la survie constituent les **pulsions primaires**. La faim, la fatigue et la soif sont des pulsions primaires. Celles-ci jouent un rôle très important dans notre vie de tous les jours. Une grande partie de notre vie est consacrée à la satisfaction de notre faim et de notre besoin de repos.

- Toutes les autres pulsions sont des **pulsions secondaires**. La plupart résultent d'un apprentissage effectué auprès de la famille, de la société et de la culture dans lesquelles nous vivons. Ces pulsions secondaires acquièrent de l'importance lorsqu'elles sont associées aux pulsions primaires. Par exemple, nous allons à l'école et obtenons un diplôme pour avoir une vie aisée et pouvoir subvenir à nos besoins et à ceux de notre future famille. Autrement dit, une pulsion secondaire n'a aucune valeur en soi. Elle ne se justifie que dans la mesure où elle est reliée à une pulsion primaire.

La théorie pulsionnelle a des limites en ce sens qu'elle ne prend pas en compte les besoins qui peuvent sembler périphériques par rapport à notre survie biologique.

Est-ce qu'aller faire du surf, manger un pot de pâte à tartiner ou chevaucher un poney dans une carrière restaure notre équilibre homéostatique ?

En général, nous ne réduisons pas, du moins pas consciemment, toutes nos activités au plus petit dénominateur commun de notre survie biologique.

Abraham Maslow, psychologue américain considéré comme le père de l'approche humaniste.

La motivation selon Maslow

Bien qu'il ne s'agisse pas exactement d'une théorie sur l'instinct, la théorie de la motivation d'Abraham Maslow (1908-1970) affirme que nos motivations proviennent d'un ensemble de besoins que nous essayons naturellement de satisfaire. D'après Maslow, il existe des besoins plus importants que d'autres et il a classé les besoins par ordre de priorité dans une pyramide qu'il a appelée la *hiérarchie des besoins* :

- **Premier niveau** (base de la pyramide) : besoins physiologiques, qui concernent la nourriture, l'eau et le sommeil. Ces besoins orientent notre comportement tant qu'ils ne sont pas satisfaits.
- **Deuxième niveau** : besoin de sécurité. Nous avons besoin d'un abri et de protection.
- **Troisième niveau** : besoin d'appartenance.
- **Quatrième niveau** : besoin d'estime. Nous nous mettons dans des situations qui renforcent l'estime que nous nous portons.
- **Cinquième niveau** (sommet de la pyramide) : besoin d'accomplissement, qui fait référence au besoin de se dépasser et de vivre avec un niveau de conscience de soi élevé. Lorsque nous arrivons au sommet de la pyramide, nous faisons une « expérience culminante » : nous ressentons une émotion qui indique notre culmination au plus haut niveau de motivation.

Qu'est-ce que les émotions ?

Jusqu'à présent, aucune des théories de la motivation n'a pris en compte le pouvoir des émotions à provoquer l'action. Pourtant, l'émotion et la motivation sont étroitement liées. Lorsque nous avons un besoin, nous sommes motivés pour le satisfaire. Or l'émotion peut nous faire prendre conscience d'un besoin psychologique.

Une émotion est un phénomène complexe qui se compose de trois éléments liés entre eux :

- **L'expérience subjective** : votre expérience de la tristesse consiste peut-être à pleurer et à manquer d'énergie ou de motivation. C'est votre expérience de la tristesse ; elle est subjective.
- **La réponse physiologique** : toutes les émotions donnent lieu à des réponses issues du cerveau et du système nerveux. Par exemple, lorsque nous sommes en colère, notre cœur bat plus vite et notre respiration s'accélère.
- **La composante expressive** : chaque émotion est exprimée et communiquée de façon unique. Les expressions faciales, le langage corporel, la position, les mots, les locutions, les gestes et beaucoup d'autres moyens d'expression accompagnent et communiquent l'expérience d'une émotion.

Les émotions nous permettent de savoir si nous avons atteint nos objectifs ou non, mais elles jouent aussi d'autres rôles. Par exemple, elles peuvent nous avertir du danger.

Les émotions positives (ou agréables, comme la joie) peuvent nous apporter un soulagement après les épreuves que nous traversons. Elles font de nous des partenaires plus attrayants et nous permettent de nous intégrer socialement.

Le saviez-vous

La *psychologie évolutionniste* prend en compte les émotions. Les adeptes de cette approche considèrent les comportements et les processus mentaux comme des réponses d'adaptation qui se sont développées au cours de la sélection naturelle. Et ils pensent que les émotions font partie de ce processus d'adaptation.

Émotions et réactions

Si les émotions se composent de trois éléments (expérience subjective, réponse physiologique et composante expressive), lequel intervient en premier ? Il est difficile d'être conscient du processus émotionnel – c'est un peu comme l'histoire de l'œuf et de la poule.

Il existe trois grandes théories sur l'ordre d'intervention des différents éléments d'une émotion :

- D'après la **théorie de James-Lange**, lorsque nous sommes soumis à un stimulus qui conduit à une réaction émotionnelle, notre corps est le premier à réagir. Nous avons tous un ensemble de réactions physiques automatiques face aux stimuli émotionnels. Nos mécanismes sensoriels réagissent en envoyant des signaux aux centres émotionnels de notre cerveau, ce qui crée une excitation. Après cette réaction physiologique, notre cerveau analyse ce qui se passe. Enfin, après les phases d'excitation et d'évaluation, l'expérience subjective de l'émotion a lieu. Notre cerveau reconnaît la peur, par exemple, après avoir interprété une longue chaîne de réactions physiologiques. Une fois que nous avons reconnu notre expérience de l'émotion, nous sommes capables d'exprimer cette expérience.
- La **théorie de Cannon-Bard** est une variante de la théorie de James-Lange. Elle affirme également que nous réagissons physiologiquement aux stimuli avant de faire l'expérience subjective de l'émotion. En revanche, elle défend que certaines

parties du cerveau, considérées comme les moins élaborées, sont activées les premières. Ensuite, ces parties envoient simultanément des signaux aux trois zones les plus élaborées du cerveau : la zone d'excitation, la zone d'évaluation et la zone d'expérience. Contrairement à la théorie de James-Lange, celle de Cannon-Bard considère que l'excitation, l'analyse, l'expérience et l'expression ont lieu simultanément, mais seulement après l'activation de zones du cerveau plus primaires.

- Comme si tout cela n'était pas déjà assez compliqué, Stanley Schachter et Jerome Singer ont élaboré une **troisième théorie** concernant le processus émotionnel en reprenant des éléments des deux théories précédentes avec encore une petite variante. Au lieu d'une réaction initiale du corps ou des zones primaires du cerveau précédant le processus d'évaluation, les réactions physiologiques et l'évaluation cognitive sont simultanées. Elles créent une boucle de réactions en chaîne et coproduisent l'expérience subjective de l'émotion. Les informations relatives à la situation et à l'environnement sont utilisées dans le processus d'évaluation. L'excitation émotionnelle est considérée comme *générique* (et non spécifique d'une certaine émotion) jusqu'à ce que l'évaluation soit terminée.

L'expérience de Wallace et Goldstein

Patricia Wallace et Jeffrey Goldstein ont réalisé l'expérience suivante. Des sujets ont reçu une injection d'adrénaline destinée à activer leur système nerveux sympathique. Certains connaissaient les effets de l'injection, d'autres avaient reçu de fausses informations, et d'autres encore ne disposaient d'aucune information. Les sujets ont ensuite été répartis en deux groupes : l'un en situation de colère et l'autre en situation d'euphorie.

Le premier groupe a dû remplir un questionnaire insultant, conçu pour mettre les sujets en colère. Le second a été placé dans une pièce occupée par un chercheur qui riait, souriait et s'amusait beaucoup.

Les deux groupes ont reçu la même injection. Par conséquent, les corps de tous les sujets ont produit la même réaction physiologique et le même type d'excitation. Mais tous les sujets ont-ils perçu cette excitation comme étant la même émotion ? Les sujets du groupe en situation de colère ont affirmé être en colère, et ceux du groupe en situation d'euphorie ont affirmé être joyeux. Par conséquent, leur expérience de l'émotion s'est basée uniquement sur les signes environnementaux appliqués à l'expérience générique de l'excitation du système nerveux autonome. Comme le suggère la théorie de Schachter et Singer (voir notion précédente), les sujets ont apparemment interprété leur excitation physiologique en fonction de l'évaluation de la situation ou du contexte.

L'amour

L'amour fait-il tourner le monde ? Peut-être... Quoi qu'il en soit, il exerce un grand pouvoir sur la plupart des êtres humains. C'est si bon d'aimer et d'être aimé...

Elaine Hatfield et Richard Rapson, psychologues américains, ont identifié deux types d'amour :

- **L'amour passionnel** : amour intense à connotation sexuelle ou sentimentale. C'est le genre d'amour que Roméo portait à Juliette (et vice versa).
- **L'amour compassionnel** : amour que vous portez à vos amis et aux membres de votre famille. Il n'y a pas de passion dans cet amour mais un fort degré d'attachement, d'engagement et d'intimité.

Robert Sternberg, quant à lui, a identifié six formes d'amour. Elles se distinguent en fonction du degré de *passion* (fort désir de l'autre et espoir d'une vie sexuelle épanouissante), d'*engagement* (conviction que l'autre sera toujours là quoi qu'il arrive) et d'*intimité* (possibilité de partager ses sentiments les plus profonds et ses pensées les plus secrètes avec l'autre).

Certains psychologues pensent que nos relations amoureuses découlent de nos attachements d'enfants. Les enfants qui vivent un attachement sain auront des relations amoureuses plus matures, basées sur un fort degré d'intimité et de confiance, et ne redouteront pas l'interdépendance. En revanche, ceux qui vouent un attachement ambivalent ou angoissé à leurs parents pourront « tomber amoureux » trop facilement, c'est-à-dire rechercher dès le départ une proximité extrême et réagir intensément aux risques, réels ou non, d'abandon. Enfin, les enfants qui évitent les interactions sociales auront sans doute des difficultés à avoir des relations intimes à l'âge adulte.

Hatfield et Rapson pensent que nous possédons tous des modèles d'amour sous la forme de schémas mentaux qui se forment très tôt et sont révisés et consolidés au fil des ans et de nos expériences. Ils déterminent notre façon de voir l'amour et nos attentes dans le cadre d'une relation amoureuse.

Voici six schémas d'amour s'appliquant aux relations sentimentales, qui se distinguent selon le degré d'indépendance ou d'intimité recherché et l'impatience de l'individu à vivre une relation amoureuse :

- **Amour de passage** : recherche d'une relation sans attachement ni contraintes.
- **Amour de l'infirmière** : recherche d'une forte intimité et crainte de l'indépendance.
- **Amour volage** : difficulté à choisir entre intimité et indépendance, qui mettent toutes deux mal à l'aise.
- **Amour serein** : aisance aussi bien avec l'intimité qu'avec l'indépendance.

- **Amour frivole** : crainte d'un excès d'intimité et recherche avant tout d'indépendance.
- **Pas intéressé** : absence de goût pour les relations amoureuses.

Tout le monde a une opinion sur chacun de ces schémas d'amour. Mais on ne peut pas juger les individus en fonction du schéma qu'ils préfèrent. Chaque schéma semble s'appliquer à une certaine période de la vie et, au bout du compte, nous recherchons tous le schéma de l'amour serein.

La colère

La colère est une émotion qui mérite toute notre attention. En général, nous n'exprimons pas notre colère de manière saine. Nous l'exprimons de façon inappropriée et extrême. Mais c'est une émotion naturelle qui joue un rôle aussi important que l'amour dans nos relations avec les autres.

Les théories sont nombreuses sur l'origine de la colère. La première affirme que la colère est une conséquence des émotions négatives ou douloureuses. Toutes sortes de causes peuvent produire des émotions négatives : des conditions physiques pénibles, la douleur physique, la limitation des mouvements et même le bruit.

Selon les experts, nous pouvons nous mettre en colère dans les cas suivants :

- Dépression (les personnes dépressives cèdent davantage à la colère), ou encore tristesse et chagrin.
- Impossibilité de mener à bien un projet.
- Séparation d'avec la personne à laquelle nous sommes attachés.

La colère n'est pas nécessairement destructrice si elle s'exprime de façon appropriée et constructive. C'est une émotion bien fondée, qui peut avoir des côtés positifs, mais elle mobilise beaucoup d'énergie physique en très peu de temps.

Des études montrent que les enfants qui expriment correctement leur colère ont moins de problèmes émotionnels et sociaux une fois adultes. Les nourrissons utilisent cette émotion pour montrer qu'ils ont besoin de quelque chose, de manger, par exemple.

L'un des chiens de Pavlov.

L'expérience pavlovienne

Le physiologiste russe Ivan Pavlov étudiait initialement le processus de digestion sur des chiens, lorsqu'il s'est intéressé à la réaction de salivation survenant au moment de la présentation de la nourriture. Il a découvert que la sécrétion de salive était automatique.

À ce stade, Pavlov a remarqué que, parfois, les chiens salivaient même lorsqu'il ne leur présentait pas de nourriture. La salivation était donc provoquée par autre chose. C'est là que Pavlov a pensé à un phénomène associationniste. Les chiens avaient appris à associer d'autres stimuli à la nourriture. Mais lesquels ? Pavlov s'est alors lancé dans diverses expériences pour comprendre comment les chiens avaient appris à associer automatiquement des stimuli non alimentaires aux aliments. En voici une :

1. Pavlov a mis les chiens dans leurs cages.
2. Il a fait sonner une cloche et regardé si les chiens salivaient. Ceux-ci ne salivaient pas.
3. Ensuite, il a fait sonner la cloche, attendu quelques secondes, puis présenté la nourriture aux chiens. Ceux-ci ont salivé.
4. Il a présenté plusieurs fois la nourriture après avoir fait sonner la cloche, effectuant ainsi plusieurs essais.
5. Après un certain nombre d'essais, il a fait sonner la cloche sans présenter la nourriture.

6. Il a alors découvert que la cloche suffisait à provoquer la salivation.

La découverte de Pavlov a été désignée sous le nom de *conditionnement classique*. Le physiologiste russe a pu ainsi identifier quatre éléments incontournables du conditionnement classique :

- **Réflexes inconditionnés** (RI) : les chiens salivent automatiquement, de manière réflexe, lorsque Pavlov leur présente de la nourriture. Il s'agit d'un réflexe qui ne résulte pas d'un apprentissage.
- **Stimuli inconditionnés** (SI) : la nourriture présentée aux chiens est un stimulus inconditionné. C'est le SI qui provoque le réflexe inconditionné.
- **Stimuli conditionnés** (SC) : la cloche que Pavlov fait sonner est un stimulus conditionné. Celui-ci a été associé à la nourriture au cours des différents essais. Au bout d'un certain nombre d'essais, le SC suffit à provoquer le réflexe souhaité.
- **Réflexes conditionnés** (RC) : une fois que le SC est capable de provoquer le RI, la réaction obtenue est un réflexe conditionné.

Les réflexes conditionnés

Les théories de l'apprentissage par conditionnement sont multiples et complexes. Elles tentent toutes de nous permettre de comprendre pourquoi nous faisons ce que nous faisons, quelles stimulations provoquent telle réaction et à quel degré de volonté. On peut entraîner des réflexes conditionnés, provoquer leur extinction, etc.

Le conditionnement classique est, en réalité, un phénomène très important en termes de survie humaine. Il nous permet d'apprendre uniquement par association, sans effort, ce qui peut nous être très bénéfique.

La répétition d'une situation permet également de développer cet apprentissage automatiquement grâce à un processus connu sous le nom de *généralisation*. Par exemple, si vous avez appris à associer certains comportements, comme le grognement d'un animal, à une éventuelle violence, le grognement provoque en vous la peur, alors que, par le passé, seuls un poing levé et des menaces verbales provoquaient en vous un réflexe de peur. Vous pouvez ensuite généraliser à partir du grognement et éprouver de la peur lorsqu'un animal vous regarde fixement. Cette généralisation vous sauvera peut-être la vie.

Le saviez-vous

La généralisation contribue à notre adaptation, car nous appliquons ce que nous avons appris à de nouvelles situations. Cependant, elle présente des inconvénients. Si, par exemple, vous êtes attaqué par un pitbull noir, vous risquez d'avoir peur chaque fois que vous verrez un chien noir, même s'il s'agit d'un chihuahua. Une telle généralisation peut entraîner un handicap important.

Pour éviter une généralisation excessive de ce que nous avons appris, nous disposons d'une capacité de *discrimination*. *A priori*, nous sommes capables de discriminer, c'est-à-dire de distinguer un coup de feu d'un pneu qui éclate.

Les mécanismes du conditionnement

Les béhavioristes, psychologues du comportement, considèrent l'apprentissage comme un processus de conditionnement, un type d'apprentissage dans lequel un lien est établi entre les événements. Le *conditionnement classique* relève le lien, l'association entre deux événements. Le *conditionnement opérant* désigne, quant à lui, un apprentissage dans lequel un événement important découle forcément d'une réponse spécifique. Exemple : Vous travaillez *parce que* vous êtes payé. Ce qui découle de votre comportement de travail, c'est une récompense, une conséquence positive.

Selon le spécialiste du comportement David J. Lieberman, on parle de conditionnement opérant parce que la réponse opère (agit) sur l'environnement de façon à produire une conséquence.

Le conditionnement n'est pas une simple affaire de répétition et nécessite des mécanismes précis pour se produire.

La *contiguïté* est une qualité indispensable du conditionnement classique. Que se serait-il passé si Pavlov avait fait sonner la cloche après avoir présenté la nourriture ? Et s'il l'avait fait sonner un quart d'heure avant de présenter la nourriture ?

Pour qu'une bonne association se forme et provoque un réflexe conditionné, il faut :

- Faire intervenir le stimulus conditionné juste avant le stimulus inconditionné et le maintenir jusqu'à ce que ce dernier apparaisse. Ainsi, la règle de la contiguïté est respectée.
- Faire de nombreux essais avec les deux stimuli.
- Choisir un stimulus conditionné fort ou intense. Une lumière vive et un son fort sont plus faciles à remarquer qu'une lumière tamisée et un son faible.

Il faut ajouter la règle de la contingence. Le stimulus conditionné doit être présenté de sorte que l'apprenant puisse anticiper, avec certitude, l'arrivée imminente du stimulus inconditionné, toujours avec le même écart de temps entre l'un et l'autre.

Pavlov affirme que le conditionnement revient à l'activation simultanée de deux zones distinctes du cerveau qui forme l'association entre les deux stimuli, comme un câble téléphonique : une zone reçoit un appel, l'autre décroche !

Les chats de Thorndike

En 1911, Edward Thorndike (psychologue américain) a mis au point une théorie, la *loi de l'effet*, selon laquelle la conséquence a un effet sur le comportement.

Thorndike a décidé d'observer ce phénomène en réalisant une série d'expériences avec les chats. Dès lors, il construit ce qu'il appelle la « boîte-problème » : une caisse en bois composée de lattes espacées et d'une porte équipée d'un loquet.

Il met un chat affamé dans la boîte et ferme la porte. Il dispose ensuite de la nourriture sur un plat qu'il place hors de la boîte, mais de sorte que le chat puisse le voir. Ce dernier va bien sûr essayer d'accéder à la nourriture grâce aux espaces entre les lattes, mais le plat demeure hors d'atteinte. Il n'y a qu'une solution : ouvrir la porte, et c'est au chat de trouver comment l'ouvrir.

Le psychologue attend et observe. Le chat tourne en rond dans la boîte, étend sa patte hors de la cage, miaule, bondit sur les parois, bref, il agit à l'aveuglette à l'intérieur de la boîte. Soudain il soulève accidentellement le loquet qui maintient la porte fermée et celle-ci s'ouvre. Il peut se régaler. Thorndike le remet dans la boîte pour recommencer.

Le chat sait ce qu'il faut faire : il suffit de toucher le loquet. Pourtant, une fois dans la boîte, le chat se comporte comme s'il l'ignorait... Il recommence à agir à l'aveuglette, soulève accidentellement le loquet et est de nouveau récompensé par la nourriture. Thorndike renouvelle sans cesse l'expérience et remarque que le chat met de moins en moins de temps à trouver que la solution réside dans le loquet.

Pourquoi le chat devient-il plus rapide ? Thorndike suggère que la nourriture l'aide à apprendre le lien entre l'action de soulever le loquet et celle qui consiste à s'échapper de la boîte. Sa loi de l'effet stipule : « Tout acte qui, dans une situation donnée, produit une satisfaction devient associé à cette situation de telle sorte que, lorsque cette situation réapparaît, l'acte a plus de chances de se produire. Plus la satisfaction est grande, plus le comportement est renforcé. »

Les rats de Skinner

Nous savons que lorsque nous sommes récompensés pour une action, nous reproduisons cette action pour être récompensés de nouveau. En fait, le conditionnement opérant correspond aux effets que les renforçateurs ont sur le comportement.

Burrhus F. Skinner, l'un des plus célèbres béhavioristes, a suivi la voie de Thorndike et a, comme lui, utilisé les animaux pour expérimenter le conditionnement opérant. Il a mis au point une boîte munie d'un levier, la célèbre « boîte de Skinner ».

Lorsqu'un animal appuie sur le levier, une portion de nourriture tombe dans la boîte. Skinner a voulu voir si les rats pouvaient apprendre à appuyer sur le levier pour obtenir la nourriture. Les rats n'ont bien sûr pas l'habitude de le faire. Skinner doit leur faciliter la tâche en les récompensant chaque fois qu'ils s'approchent du but. Ce procédé s'appelle le « façonnement ». Ainsi, Skinner récompense les rats avec de la nourriture pour un comportement qui est proche de la réponse requise. Ce procédé est utilisé graduellement (approche successive) si bien que les rats finissent par appuyer accidentellement sur le levier et reçoivent leur renforçateur, la nourriture. Une fois qu'ils ont compris l'astuce, ils apprennent à appuyer sur le levier pour obtenir la nourriture, comme les chats de Thorndike ont appris à ouvrir la porte.

Derrière ces deux expériences, il y a la même idée. C'est la récompense – la nourriture – qui a « appris » aux rats comment appuyer sur le levier. Les chats de Thorndike et les rats de Skinner ont appris parce qu'ils ont été récompensés par la nourriture.

La nourriture est une récompense qui marche très bien pour les animaux, mais ce n'est qu'un renforçateur parmi d'autres. En réalité, tout ce qui peut augmenter la probabilité de réapparition d'un comportement peut être utilisé comme récompense ou renforçateur : la nourriture, l'argent, les vacances, etc.

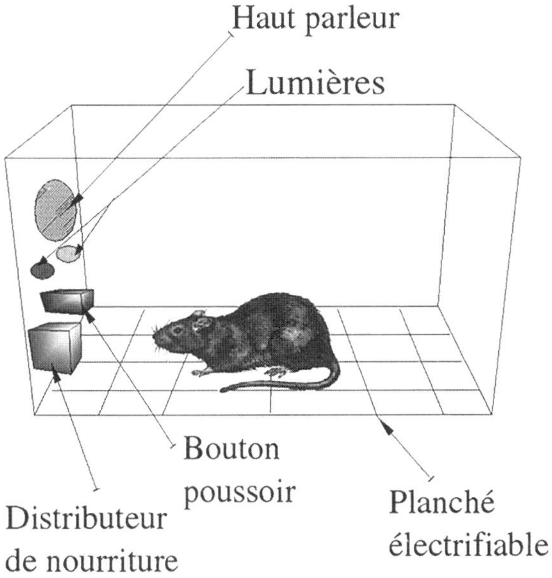

La boîte de Skinner.

Les renforçateurs

Lorsque la conséquence d'une action augmente la probabilité que l'événement ou l'action se reproduise, on appelle cette conséquence un renforçateur. C'est comme une récompense.

Il existe deux types de renforcement :

- **Le renforcement positif** : il correspond à l'utilisation d'un renforçateur qui accroît la probabilité de réapparition d'un comportement.
- **Le renforcement négatif** : il se produit lorsque le retrait d'un élément défavorable (stimulus aversif) augmente la probabilité de réapparition d'un comportement.

Deux types de renforçateurs positifs sont efficaces :

- **Les renforçateurs primaires** : ce sont des récompenses qui ne nécessitent aucun façonnement ou entraînement préalable pour être efficaces : la nourriture ou les sensations physiques agréables, par exemple. Selon le psychologue américain David Premack, il suffit d'observer ce qui occupe le plus les gens pour identifier les renforçateurs primaires. S'ils passent beaucoup de temps à regarder la télévision, à faire du vélo ou à dormir, on peut considérer ces activités comme des renforçateurs primaires.

- **Les renforçateurs secondaires** : ils ont un effet de renforcement par l'expérience et l'apprentissage. On obtient ce résultat en associant le renforçateur secondaire à un renforçateur primaire à l'aide des mêmes principes que dans le conditionnement classique. Les dresseurs de dauphins récompensent leurs animaux avec de la nourriture, mais utilisent aussi un sifflet. Les dauphins finissent par associer le sifflet à la nourriture. Ainsi, le sifflet se renforce par et pour lui-même.

Une fois que nous avons trouvé le type de renforçateur qui convient à un individu, nous pouvons influencer le comportement de celui-ci en le récompensant chaque fois qu'il produit la réponse appropriée.

La fessée selon Honoré Daumier (1808-1879).

La punition

Le renforcement positif et le renforcement négatif sont des conséquences qui augmentent la probabilité d'un comportement. Mais qu'en est-il de la punition ?

La punition correspond à toute conséquence qui diminue la probabilité d'une réponse. Il existe deux types de punition. La *punition directe* consiste à introduire un stimulus négatif ou aversif. La *punition négative* consiste à retirer un renforçateur – confisquer le vélo de son enfant, par exemple.

Nous utilisons constamment la punition pour influencer le comportement des autres. Les tribunaux punissent les criminels. Les parents punissent leurs enfants. De nombreuses personnes expliquent même le mauvais comportement des enfants par le fait que leurs parents ne les punissent jamais. Est-ce vrai ?

La punition peut être un moyen très convaincant et efficace pour éliminer un comportement à condition de bien garder certains principes à l'esprit :

- *L'intensité de la punition doit être adaptée à la réponse souhaitée.* La punition ne doit pas être trop clémente, car si vous essayez de l'augmenter graduellement, le destinataire risque de s'habituer à chaque étape. Une punition trop sévère pose également des problèmes. Pour qu'une punition fasse de l'effet à long terme, il faut ajuster son intensité.

- Pour être efficace, la punition doit être appliquée aussi vite que possible après le comportement à punir.
- *La punition doit être ferme et logique*. De plus, vous devez expliquer pourquoi vous l'infligez.

L'utilisation de la punition peut avoir des conséquences négatives :

- *La punition peut entraîner la peur.* Les personnes punies risquent d'apprendre à anticiper d'autres punitions et de développer des sentiments d'anxiété vis-à-vis de la prochaine réprimande.
- La punition peut engendrer de l'agressivité.

La personnalité

Sigmund Freud a mis au point l'une des théories les plus complètes sur la personnalité humaine. La profondeur de son analyse et l'éventail de ses idées n'ont pas encore été égalés. Mais qu'est-ce que la personnalité, au fond ?

La personnalité est en fait l'organisation des composantes psychologiques et physiques d'un individu, qui créent et déterminent ses traits et ses comportements uniques.

Voici quelques points importants à retenir :

- La personnalité est aussi bien physique que psychologique. C'est une partie de notre esprit et de notre cerveau. Nous savons tous que les mauvais traitements psychologiques ou mentaux sont aussi graves que la maltraitance physique et qu'ils peuvent avoir une influence sur notre personnalité, puisqu'ils touchent notre esprit et notre vie mentale.
- Notre personnalité détermine ce que nous faisons. Ce qui se passe dans notre esprit et dans notre cerveau définit notre façon d'agir, de parler, de ressentir et de percevoir le monde.
- Notre personnalité est ce qui nous rend uniques. Cet ensemble de composantes psychologiques et physiques détermine qui nous sommes.

Les théories de la personnalité

La personnalité constitue un système stable de façons d'agir, de penser et de sentir particulières à chacun d'entre nous. Décrire la personnalité d'un individu revient à dresser le portrait de celui-ci à partir des parcelles d'information dont on dispose sur lui. Cela consiste presque toujours à choisir un éventail de ses comportements, que l'on ramène ensuite à un ensemble de qualités et de traits plus restreints.

Les qualités qui nous viennent d'abord à l'esprit quand nous pensons à quelqu'un sont, en général, celles qui lui correspondent le mieux. Plus une qualité caractérise un individu, plus elle permettra de prévoir son comportement et de le distinguer des autres personnes.

Les théories sur la personnalité considèrent que quelques caractéristiques générales peuvent résumer une personne. Ce sont des outils pour comprendre la complexité des pensées, des émotions et du comportement humain. Ces théories sont multiples et divergent sur bien des points, néanmoins elles estiment toutes que l'adaptation est une composante majeure de la personnalité. En réalité, la personnalité a pour fonction de s'adapter et de s'ajuster au maximum au monde environnant. De ce point de vue, elle peut être considérée comme un outil de survie. Les animaux se sont dotés de fourrure pour se protéger du froid et de griffes puissantes pour se défendre contre les menaces de l'environnement. Nous, les humains, nous avons développé la personnalité !

Attention

Lorsque vous lisez la théorie de Freud, Hartmann ou Jung, gardez bien à l'esprit que personne ne peut entrer parfaitement dans les catégories présentées. Un concept important en psychologie est le principe des *différences individuelles*. Personne ne peut incarner une théorie de la personnalité.

Conscient, préconscient et inconscient

Parmi les théories de la personnalité, celle que Sigmund Freud a élaborée est la plus connue et la plus répandue en Occident. Il faut la détailler pour la comprendre, selon les composantes que Freud a souhaité distinguer. La personnalité s'ancre selon lui dans la mémoire. En effet, quelle personnalité pour celui qui n'a plus de souvenirs ?

Freud a ainsi distingué trois niveaux fondamentaux de notre mémoire selon notre degré de conscience du contenu de chaque partie :

- **Le conscient** correspond à la conscience active dominée par ce que j'entends, ce que je vois (mon livre, ma tasse de café fumant) et ce que je ressens (mon mal de tête, par exemple, même si j'essaie de l'ignorer).
- **Le préconscient** est constitué de souvenirs ordinaires tels que les anniversaires, les fêtes, mais aussi l'art de faire du vélo. Nous sommes rarement conscients des souvenirs dans notre préconscient, sauf si nous les activons délibérément. Cependant, ils jouent un rôle important dans le façonnement de notre personnalité.
- **L'inconscient** contient les souvenirs et les expériences dont nous ne sommes pas conscients. Ils sont enfouis tout au fond de notre esprit et ne sont pas facilement accessibles. Il y a des milliers, voire des millions de choses qui pénètrent dans notre

esprit et dont nous ne sommes pas conscients. Selon Freud, l'inconscient est même rempli de pensées, idées et souvenirs trop troublants ou dérangeants pour rester dans la conscience active. C'est donc là que logent les sentiments les plus sincères, qui n'ont pas été filtrés ou modifiés par les arrangements de la vie quotidienne.

En fonction des souvenirs et de leur organisation dans les différents niveaux de conscience, une personnalité diffère fondamentalement d'une autre.

Caricature de Freud et de tous ces éléments qui constituent notre personnalité.

Le ça, le moi et le surmoi

Pour continuer l'exploration de la personnalité selon Freud, envisageons-la comme une sorte de pièce de théâtre qui se joue dans notre esprit.

L'individu est donc le produit de l'interaction entre les forces et les structures de son mental, poussés par le désir, freinés par la conscience.

Sous la surface, notre personnalité représente les luttes de pouvoir qui se livrent au plus profond de nous. Trois acteurs principaux jouent cette pièce de théâtre :

- **Le ça** : siège de nos pulsions animales et primitives qui ne demandent qu'à être satisfaites, il est le petit diable qui s'assoit sur notre épaule et nous incite à succomber à la tentation. Poussé implacablement par une force que Freud appelle la *libido* – l'énergie collective des instincts de vie et de la volonté de survivre –, le ça doit être satisfait. Il est indifférent et insensible aux contraintes extérieures à notre esprit. Pourtant, il n'a pas que des aspects négatifs : nos désirs nous poussent à avancer et à chercher ce dont nous avons besoin pour survivre.
- **Le moi** : il est le deuxième mécanisme mental de la personnalité. Sa fonction principale est de faire l'intermédiaire entre les demandes du ça et le monde extérieur. Il effectue un travail important pour convertir et transformer les forces puissantes du

ça en modes de satisfaction plus utiles et réalistes. Il essaie de neutraliser son pouvoir en le régulant, afin d'obtenir une certaine satisfaction tout en tenant compte des limites imposées par la réalité.

- **Le surmoi** : il nous maintient sur le droit chemin et juge la performance du moi. C'est la conscience héritée de nos parents, les valeurs intériorisées du bien et du mal notamment.

Le fonctionnement par stades chez Freud

D'après Freud, notre caractère unique et nos traits distinctifs sont le produit du développement de notre personnalité pendant l'enfance. Enfants et même adolescents, nous passons par une série de cinq stades qui nous font grandir et mûrir.

C'est comme si cinq personnalités miniatures, durant quelques années, se succédaient en nous jusqu'à ce que nous atteignions la maturité. À chaque stade, nous devons relever un défi et, si nous y parvenons, nous acquérons une personnalité mature. Cependant, si nous échouons à l'un des stades, nous y resterons bloqués. C'est de là que vient notre caractère unique – de notre fixation sur un stade particulier du développement de notre personnalité.

À chaque stade, nous sommes concentrés sur une partie précise de notre corps appelée « zone érogène ». Le plaisir recherché par nos instincts innés se focalise sur le désir sexuel et sur son assouvissement à travers une stimulation adéquate de chaque zone érogène. Ainsi, si chacune est stimulée correctement, nous progressons pour atteindre la maturité sexuelle et psychique, le sommet psychosexuel, selon Freud.

Exploration des stades freudiens

Chez Freud, le développement de notre personnalité est donc très lié au développement de notre sexualité, à travers les cinq stades suivants :

- **Le stade oral : de la naissance à 18 mois.** Il correspond à la première étape du développement de la personnalité durant laquelle l'enfant se focalise sur sa bouche. L'objectif principal est de satisfaire le désir oral en stimulant la zone érogène de la bouche, outil le plus sophistiqué dont les bébés disposent pour explorer le monde.

  Les seins de la mère procurent d'abord au nourrisson une satisfaction orale. Ils sont à la fois une source de satisfaction et un lien. Ensuite, le sevrage confronte l'enfant au premier conflit entre son désir et la réalité. S'il n'est pas sevré ou l'est trop durement ou incomplètement, il restera fixé sur le stade oral. Il développera un « caractère oral » et sera dominé par des sentiments de dépendance et d'impuissance. Ainsi, ceux qui restent bloqués à ce stade risquent de se tourner vers tout ce qui passe par la bouche : parler, manger, boire, fumer.

- **Le stade anal : de 18 mois à 3 ans.** Tous les bébés finissent par grandir. Ils se focalisent alors sur une autre zone érogène. Difficile d'imaginer que le plaisir et la libido puissent être associés à la défécation. Et pourtant, d'après Freud, la principale source de plaisir à ce stade, c'est le contrôle de la défécation. Les enfants veulent alors pouvoir faire leurs besoins où ils veulent et quand ils veulent.

En fait, certains de nos traits de caractère sont peut-être directement liés à notre apprentissage de la propreté et à la façon dont nos parents s'y sont pris. Notre créativité et notre productivité indiquent si nous avons traversé avec succès le stade anal.

- **Le stade phallique : de 3 ans à 7-8 ans.** L'enfant de 3 à 5 ans se focalise sur la stimulation érogène des parties génitales, le pénis et le clitoris, en particulier. L'assouvissement du désir commence par l'autoérotisme, en clair, la masturbation. Mais bientôt notre besoin de satisfaction se tourne vers le parent du sexe opposé. Alors que notre plaisir sexuel évolue, nous entrons dans le royaume du complexe d'Œdipe, l'une des contributions de Freud les plus étranges et les plus controversées.
- **La période de latence : de 7-8 ans à la puberté.** Une fois que les enfants ont réussi à résoudre tous les conflits des stades précédents, ils entrent dans une phase plus calme du développement psychosexuel. La libido relâche son étreinte sur la personnalité et les pulsions cessent de dominer. Les enfants ont alors plus de liberté pour appliquer et développer ce qu'ils ont appris au cours de chaque stade. Il n'y a plus de rivalité avec le parent du sexe opposé, ni de lutte pour contrôler l'assouvissement du désir. C'est une période de socialisation, l'enfant se fait une bande de copains.

- **Le stade génital : de la puberté à l'âge adulte.** Avec la puberté, tout s'accélère ! C'en est fini du calme... Les flammes des anciens conflits sont ravivées. Le désir revient sur le devant de la scène, mais d'une manière différente. La prise en compte du plaisir des autres commence à annoncer la maturité psychosexuelle. L'enfant est désormais prêt à apprendre comment s'engager dans une relation amoureuse fondée sur le plaisir mutuel. Mais Freud n'a jamais dit que tout le monde parvenait à atteindre ce stade de pleine maturité !

Le complexe d'Œdipe

Pour étayer sa théorie sur le désir sexuel de l'enfant tourné vers l'un des parents, Freud s'est appuyé sur une célèbre tragédie grecque, *Œdipe roi*. Dans cette histoire, un roi apprend en consultant les oracles que son fils le tuera un jour et épousera la reine. Pour empêcher que la prédiction ne se réalise, le roi emmène son fils dans la forêt pour le laisser mourir. Cependant, l'enfant est découvert par des promeneurs qui se chargent de son éducation. Une fois adulte, il retourne dans la cité pour faire fortune, mais, sur la route, il rencontre le roi. Tous deux ignorent le lien qui les unit. Ils se battent et le roi est tué. Lorsque le fils arrive dans la cité, il fait rapidement fortune et atteint les hautes sphères de la société. Il attire bientôt l'attention de la reine en deuil et finit par l'épouser, accomplissant ainsi la prophétie.

Freud transcrit ce mythe dans le parcours des garçons. Pour eux, le sentiment d'attirance vers la mère continue à se développer. Le père constitue alors un obstacle entre le garçon et la mère, ce qui peut être vraiment frustrant pour l'enfant. Cette frustration peut se transformer à la longue en une véritable haine envers le père.

Ce complexe est source de conflits lorsque les garçons commencent à avoir peur de leur père puisqu'ils veulent leur mère pour eux tout seuls. Freud appelle cette peur l'« angoisse de castration ». Les garçons ont peur que leur père leur coupe les organes génitaux. En raison de cette peur, ils vont choisir une autre route. Puisqu'ils ne peuvent pas vaincre leur père, ils vont le rejoindre. Ils vont alors apprendre à s'identifier à lui, à adopter sa masculinité. Ainsi, ils peuvent accéder symboliquement à leur mère, ce qui satisfait leur désir libidinal.

Quel est le rapport avec la personnalité ? Si le garçon parvient à se mesurer à son père, le conflit se transforme en une forte aspiration au succès et à la supériorité dans la société. Voilà une réponse réussie à l'angoisse de castration au niveau du stade phallique. Malheureusement, tous les hommes n'atteignent pas ce stade et sont alors châtrés. Ils seraient incapables de réussir dans la vie en raison de leur culpabilité infirmante engendrée par leur lutte avec le père pour attirer l'attention de la mère.

Œdipe explique l'énigme du Sphinx.

Le complexe d'Électre

On a reproché à Freud d'avoir négligé la sexualité féminine. C'est pourquoi il a de nouveau consulté les Grecs et fini par trouver une histoire analogue à celle d'Œdipe, l'histoire d'une femme appelée Électre, qui charge quelqu'un de tuer sa mère pour venger la mort de son père.

Pour les filles, l'attirance se reporte sur leur père parce qu'elles commencent, d'après le psychanalyste, à ne plus admettre leur mère pour une étrange raison : l'idée révoltante que le pénis masculin ne leur a pas été donné (« complexe de castration »). Selon Freud, les petites filles arrêtent de désirer leur mère parce qu'elles réalisent qu'elles n'ont pas de pénis comme leur papa.

Alors, que doivent-elles faire ? Elles passent le reste de leur vie à chercher un homme pour se sentir complètes.

La plupart des idées de Freud ont été vivement critiquées. Peut-être peut-on penser également qu'il va trop loin. Pour tirer le meilleur parti de ses théories, il faut chercher le symbole derrière ces idées.

Quel est le rapport avec la personnalité ? Si une fille parvient à surmonter son complexe d'Électre, elle pourra gérer au mieux sa vie sexuelle et intime une fois adulte. Elle transforme son complexe de castration en quête du bon mari et père. En revanche, si elle échoue, elle reste bloquée à ce stade et ne cherche alors qu'à séduire et à flirter.

Les mécanismes de défense d'après les Freud

Au quotidien, et de façon plus ou moins radicale, nous devons tous nous défendre ou nous protéger psychologiquement. C'est un aspect important de notre personnalité. Anna Freud, la fille du célèbre psychanalyste, a introduit le concept de mécanismes de défense.

Freud pensait que nos façons bien particulières de nous défendre contre les angoisses influencent fortement notre personnalité.

La famille Freud a proposé plusieurs mécanismes de défense importants :

- **Le refoulement** : il consiste à maintenir hors de notre conscience une pensée, un sentiment ou le souvenir d'une expérience. Beaucoup de choses peuvent faire l'objet d'un refoulement : les pulsions et les désirs interdits ou une situation douloureuse et difficile sur le plan émotionnel.
- **L'annulation** (rétroactive) : c'est le refus d'admettre que quelque chose existe ou se soit passé. Ce phénomène peut aussi impliquer la modification de la signification d'un événement de sorte que son effet est détourné.
- **La projection** : elle consiste à attribuer une pulsion, un désir ou un aspect menaçant de soi-même à quelqu'un d'autre. Lorsque

quelqu'un a des pulsions agressives par exemple, il utilise souvent la projection : il attribue son agressivité à quelqu'un d'autre et a alors peur des attaques potentielles des autres.

- **La rationalisation** : il s'agit d'une tendance à inventer une explication acceptable mais incorrecte à une situation.
- **L'intellectualisation** : c'est le fait de penser à quelque chose logiquement ou froidement, sans émotion.
- **La formation réactionnelle** (ou surcompensation) : elle consiste à adopter une attitude radicalement opposée à ce que nous aimerions réellement faire.
- **La régression** : elle consiste à retourner à une situation antérieure.

Le stress physique et psychologique nous amène parfois à abandonner nos mécanismes de défense les plus matures. Grâce à la contribution des Freud, nous pouvons mieux comprendre aujourd'hui comment nos façons caractéristiques de faire face constituent notre personnalité. Ce serait une erreur de penser que le fait de se défendre psychologiquement est un mauvais comportement. C'est au contraire essentiel à notre survie. Nos défenses nous protègent et nous évitent d'être submergés.

Sigmund Freud : éléments biographiques

Sigmund Freud (né Sigismund Schlomo Freud) est un médecin neurologue autrichien, fondateur de la psychanalyse.

Né en Moravie en 1856 et d'origine juive, il s'installe jeune avec sa famille à Vienne, où il poursuit des études brillantes qui le mèneront à l'exercice de la médecine.

Médecin à Vienne, après un stage à Paris auprès du docteur Charcot et une spécialisation en neurologie, il commence, avec Joseph Breuer, ses premières études sur l'hystérie et l'hypnose comme thérapie.

Il passera rapidement de l'hypnose à la technique psycho-analytique afin de découvrir les méandres de l'inconscient. Partant du fameux principe du complexe d'Œdipe et des différents stades de la libido qu'il distingue, il décortique les mécanismes de la personnalité, leurs fonctionnements, leurs influences.

Ses travaux sont perçus avec distance et méfiance par les tenants de la psychologie de l'époque.

Pourtant atteint dès 1923 d'un cancer de la mâchoire douloureux, il continue à exercer et à diffuser la psychanalyse. Ses œuvres sont brûlées à Berlin à partir de 1934, et lorsque l'Autriche est occupée par les nazis en 1938, il s'enfuit avec sa famille à Londres, où il décédera en septembre 1939.

Ses travaux publiés :

- *Psychopathologie de la vie quotidienne*, Payot, 1975 [1904].
- *Trois essais sur la théorie de la sexualité*, Gallimard, 1978 [1905].
- *Totem et tabou*, Payot, 1951 [1913].
- *Au-delà du principe de plaisir*, Payot, 1968 [1920].
- *Le Moi et le Ça*, Payot, 1968 [1923].
- *Inhibition, symptôme et angoisse*, PUF, 1951 [1926].

Anna Freud

Psychanalyste britannique d'origine autrichienne, Anna Freud était la dernière fille des six enfants de Sigmund Freud. Elle est la seule de la fratrie à avoir suivi les traces de son père et a apporté une contribution non négligeable à sa théorie sur la personnalité.

Elle commence sa carrière par une formation d'enseignante à l'école Montessori de Vienne et sera institutrice de 1914 à 1920. Anna reprend beaucoup des théories de son père, mais choisit de se spécialiser dans la thérapie des enfants. Elle débute par la psychanalyse d'un de ses neveux et constate la nécessité de certaines adaptations. Elle fonde aussi un établissement scolaire destiné aux enfants de parents suivant une cure analytique. Sa propre analyse est menée par son père de 1918 à 1922 (suivie d'une seconde analyse de 1924 à 1929).

L'occupation nazie met un terme à son projet de Jackson Nursery quand elle s'exile avec son père à Londres en 1938, où elle sera naturalisée. Elle continue à exercer et à créer des lieux consacrés à la psychanalyse. Elle voyage aux États-Unis jusqu'à sa mort, où elle donnera des cours et des conférences.

Ses apports ont à la fois appuyé et élargi les travaux de son père, dont elle sera la gardienne intraitable face aux théories de Melanie Klein ou de Jacques Lacan.

Ses travaux publiés :

- « Fantasme d'être battu et rêverie » (1922), dans M.-C. Hamon (éd.), *Féminité mascarade. Études psychanalytiques*, Le Seuil, 1994.
- *Le Normal et le Pathologique chez l'enfant*, Gallimard, 1968.
- *L'Enfant dans la psychanalyse*, Gallimard, 1976.
- *Le Moi et les mécanismes de défense*, PUF, 2001.
- *Le Traitement psychanalytique des enfants*, PUF, 2002.

Anna et Sigmund Freud.

Heinz Hartmann

Bien que de nombreuses personnes aient été et restent impressionnées par les idées de Freud, beaucoup de ses collègues et contemporains ont décidé de développer leur propre théorie sur la personnalité. La plupart trouvaient que Freud n'accordait pas assez de place au *moi*.

À la tête du mouvement de dissidence, Heinz Hartmann (1894-1970) est un psychanalyste américain. Il a mis l'accent sur la place du moi dans la personnalité. Pour Hartmann, le moi joue deux rôles dans le façonnement de la personnalité :

- Réduire les conflits ;
- Favoriser l'adaptation.

Freud a beaucoup parlé des conflits entre le ça, le moi et le surmoi. Au fond, il existe une grande tension entre les désirs d'une personne et la possibilité de les satisfaire dans la réalité d'une façon socialement acceptable et appropriée. Le moi de Hartmann est semblable au moi de Freud dans la mesure où il aide à satisfaire les désirs du ça et adoucit les règles du surmoi. Mais il a une existence propre jamais évoquée par Freud.

Le moi chez Hartmann est au centre de la personnalité. Il a ses propres désirs et besoins, alors que chez Freud, il ressemble plus à un arbitre sans emploi du temps personnel.

Qu'est-ce qui satisfait le moi, selon Hartmann ? Penser, planifier, imaginer et intégrer. La satisfaction survient lorsque les humains s'engagent dans ce processus, et cet accomplissement les pousse vers plus d'indépendance et d'autonomie. Être indépendant, se suffire à soi-même, voilà une source de satisfaction, selon Hartmann.

Heinz Hartmann, photographié ici au sein de l'équipe viennoise de Julius Wagner-Jauregg, 1927.

La phrénologie

Au XIXe siècle, un scientifique du nom de Franz Joseph Gall (1758-1828) a tenté dans la Vienne impériale de classer les individus en fonction de la forme de leur crâne. Il a dressé une carte à partir des protubérances de leur tête. Le titre de son ouvrage suffit à la définition de son projet : *Art de reconnaître les instincts, les penchants, les talents et les dispositions morales et intellectuelles des hommes et des animaux par la configuration de leur cerveau et de leur tête*.

La phrénologie, « la (pseudo)science de l'esprit », se base sur l'hypothèse (erronée) d'un lien de causalité entre les facultés mentales d'un individu et les formes de sa boîte crânienne : du poète à l'assassin. Le médecin Gall prétendait qu'il y avait 26 « organes » à la surface du cerveau, qui affectaient la forme du crâne. Il était aussi adepte du principe « s'en servir ou le perdre » : parmi ces 26 organes, ceux que l'on utilisait devenaient plus gros, tandis que ceux qu'on négligeait rétrécissaient, d'où les déformations correspondant à des zones spécifiques du cerveau en lien avec les fonctions intellectuelles et émotionnelles de la personne.

Le saviez-vous

On doit à la phrénologie l'expression *avoir la bosse des maths*.

Robert White

Robert W. White, psychanalyste américain (1904-2001), a complété les idées de Heinz Hartmann sur le moi. La quête d'autosuffisance et la satisfaction qui en résulte proviennent d'un besoin que White appelle la *motivation de l'effet* – le besoin de sentir que nous pouvons avoir une influence ou un effet sur notre environnement, comme si un militant sommeillait en chacun de nous, nous poussant à faire changer les choses mais d'une façon plus individuelle et personnelle.

White a ajouté un autre besoin à cette idée : le *motif de compétence*, le besoin d'avoir une influence efficace sur le monde qui nous entoure. Il ne suffit donc pas d'avoir une influence. Il faut que cette dernière soit efficace. Cela va plus loin que la motivation de l'effet : nous devons avoir un effet compétent.

Nos besoins d'efficacité et de compétence nous poussent à la maîtrise, au désir d'être une personne efficace. Nos jeux d'enfants reflètent déjà notre besoin d'être responsables. Chacun de nous aspire au contrôle de soi. Nous recherchons activement des informations et des stimulations pour maîtriser notre monde mais aussi nous-mêmes. Il ne s'agit pas non plus de vouloir dominer les autres. La satisfaction saine de ces besoins passe par l'adaptation. Pour nous adapter, nous devons contrôler nos pulsions et faire preuve de flexibilité lorsque nous sommes confrontés à des ajustements et à des défis nécessaires. Nous pourrions avoir l'impression de maîtriser le monde en soumettant d'autres personnes à notre volonté, mais ce ne serait pas une satisfaction saine de notre besoin de maîtrise.

Alfred Adler.

Alfred Adler

Le psychanalyste Alfred Adler a tenté de trouver d'où venait réellement ce besoin de maîtrise. Selon lui, le besoin de maîtrise et l'aspiration à la réussite sont le résultat d'un processus complexe d'auto-évaluation. D'après Adler, nous avons tous une image idéale de nous-mêmes ainsi que des aspirations vers lesquelles nous tendons. Ces besoins sont les manifestations spécifiques d'une aspiration plus générale : trouver une place dans un monde anonyme, ambigu et immense.

Lorsqu'il y a contradiction entre l'image idéale de nous-mêmes et ce que nous faisons réellement, nous développons des sentiments d'infériorité qui peuvent conduire à un véritable *complexe d'infériorité*. Ce complexe nous pousse à réaliser notre moi idéal et fait naître le besoin de maîtrise. En fait, ce n'est pas le monde que nous maîtrisons, mais notre capacité à vivre en accord avec nos attentes.

Portrait

Nom : ADLER
Prénom : Alfred
Nationalité : autrichienne
Dates : 1870-1937
Spécialité : la médecine et la psychothérapie.
Connu pour : avoir fondé la psychologie individuelle, selon laquelle chaque patient est un individu unique, à comprendre dans sa globalité corporelle et psychique.

La théorie psychosociale d'Erikson

Erik Erikson (1902-1994), psychanalyste et psychologue du développement germano-américain, entretenait des liens très étroits avec la théorie freudienne sur la personnalité. Mais, à l'instar des autres, il a développé ses propres idées sur le sujet.

Notamment, il s'est concentré sur le moi, d'une façon bien différente de celle de Freud. Erikson considérait la personnalité comme un produit des interactions sociales et des choix que nous faisons dans la vie. Il présentait le moi « en développement », comme une identité personnelle façonnée par nos expériences. D'après lui, lorsque nous entretenons des relations avec les autres, nous passons par une série de stades dont le but est de développer un sens cohérent du moi et de qui nous sommes. À chaque stade, nous sommes confrontés à un défi ou à une crise : nous devons alors choisir l'une ou l'autre option. Nos choix ont ainsi une grande influence sur ce que nous sommes.

Voici les différentes étapes du développement psychosocial selon Erikson :

- **Confiance ou méfiance** : l'expérience de la toute petite enfance détermine notre capacité de confiance à l'égard des autres et de notre environnement. Si, au cours de la petite enfance, nous interagissons avec une personne maternante, attentive et digne de confiance, cette expérience se transforme en confiance fondamentale dans le monde. Un sentiment de prévisibilité et de continuité par rapport à ceux qui prennent soin de nous se développe. Cette confiance fondamentale sous-entend aussi la confiance en soi, car nous savons que, quand nos parents ne sont pas là, nous pouvons nous occuper de nous-mêmes.

- **Autonomie ou honte et doute** : lorsque les bébés deviennent des bambins, leurs capacités (communicatives, sociales, physiques et cognitives) se développent rapidement. Ils commencent à marcher, à parler et à poser des questions à tout bout de champ pour explorer le monde par eux-mêmes. Par ce chahut et cette obstination, les enfants manifestent leur désir d'indépendance. Si leurs parents leur interdisent de toucher aux choses, de parler et de tester leur confiance nouvellement acquise, ils risquent de développer des sentiments de honte et de doute envers eux-mêmes.
- **Initiative ou culpabilité** : si les enfants ont franchi les deux premières étapes avec succès, ils développent leur sens de l'indépendance, mais désormais d'une manière plus subtile. L'indépendance pure se transforme en comportement plus responsable et plus ciblé. Au cours de cette période, les désirs uniques des enfants émergent et commencent à définir leur petite personnalité.

- **Productivité ou sentiment d'infériorité** : de l'âge de 6 ans à l'adolescence, il ne s'agit plus de jouer ni de partir à la découverte de l'environnement, il faut accomplir quelque chose. À ce stade, il s'agit bel et bien d'orienter les aptitudes des enfants vers des objectifs et des tâches spécifiques.
- **Identité ou confusion des rôles** : les adolescents essaient tous de nouvelles identités. Ils veulent savoir qui ils sont vraiment et de quoi ils sont capables. C'est ce qu'Erikson a appelé la *crise d'identité*. S'ils traversent avec succès cette période de confusion des rôles, ils en ressortent avec un sentiment de soi renforcé et une identité mieux définie. Il y a confusion des rôles lorsqu'une crise d'identité n'a pas été résolue. Ils risquent alors de se retirer dans leur coquille ou de ne jamais découvrir qui ils sont vraiment.
- **Intimité ou isolement** : selon Erikson, il y a un temps où la recherche de relations intimes est fondamental dans le développement de la personnalité. Une fois que nous savons qui nous sommes, nous cherchons à nouer des relations étroites avec d'autres personnes qui, elles aussi, ont trouvé leur identité. Le but, c'est l'intimité, qu'il s'agisse de rapports amicaux, amoureux ou d'une tout autre forme.
- **Générativité ou stagnation** : la générativité est le besoin de sentir qu'on a besoin de nous et d'être un guide pour la prochaine génération. La volonté de laisser un héritage et d'avoir une influence sur les jeunes gens se développe ainsi au milieu de l'âge adulte. Lorsque nous sentons que nous n'avons rien fait ou que nous ne pouvons rien faire pour la prochaine génération, nous développons un sentiment de stagnation.

- **Intégrité personnelle ou désespoir** : lorsque la vie avance et que nous entrons dans la vieillesse, nous nous retournons vers le passé et réfléchissons à ce que nous avons accompli. Si nous sommes satisfaits du chemin parcouru, nous avons un sentiment d'intégrité, le sentiment d'être complets. Sinon, nous risquons d'être en proie au désespoir.

Le rapport aux objets

La théorie du rapport à l'objet est l'une des plus importantes de ces cinquante dernières années. Elle s'inscrit dans la lignée des théories mettant l'accent sur l'aspect social et constitue un développement intéressant des idées de Freud.

Cette théorie part du principe que les relations interpersonnelles constituent les fondements de la personnalité. Notre personnalité est avant tout le produit de notre représentation mentale d'autres personnes, de nous-mêmes et des relations entre les deux. Ainsi, ce ne sont en réalité ni les autres, ni les relations que nous entretenons avec eux qui importent, mais les pensées et les idées que nous avons sur les autres.

Dans cette théorie, les objets sont les autres personnes. Les rapports sont les relations. La théorie du rapport à l'objet est en fait une somme de théories développées par différents penseurs. Melanie Klein (1882-1960), une psychanalyste austro-britannique, Ronald Fairbairn (1889-1964), psychiatre et psychoanalyste écossais, et Donald W. Winnicott (1896-1971), pédiatre, psychiatre et psychanalyste britannique, ont apporté la plus grande contribution dans ce domaine. Margaret Mahler a fait une synthèse de la plupart des travaux des autres.

Tous ceux qui ont réfléchi sur le rapport à l'objet mettent l'accent sur deux points :

- Le schéma de relation aux autres d'une personne est défini pendant les interactions de la petite enfance.
- Quel que soit le schéma développé, celui-ci a tendance à se reproduire tout au long de la vie.

Les bébés selon Margaret Malher

Selon Margaret Mahler, les bébés viennent au monde sans pouvoir faire la différence entre eux-mêmes et les choses autres que leur moi. Les nouveau-nés sont dans un état virtuel de fusion psychologique avec les objets de leur environnement. Les femmes qui ont porté leur enfant le savent plus ou moins.

En réalité, les mères et leur fœtus sont biologiquement entrelacés. Ils sont liés physiquement, et lorsqu'il arrive quelque chose à la mère, le fœtus le ressent et vice versa. Mahler va aller plus loin en donnant à cette idée une signification plus psychologique. Lorsqu'un enfant vient au monde, il est dans un état de fusion de la personnalité avec sa mère. Cette fusion vient selon elle de la dépendance du nouveau-né et du fait que ses capacités à survivre ne sont pas encore développées. Ainsi, au fur et à mesure que nous grandissons et que nos personnalités évoluent, cette fusion est rompue et nous développons progressivement une personnalité plus distincte, qui est séparée de celle de notre mère et des autres.

Portrait

Nom : MALHER
Prénom : Margaret
Nationalité : hongroise et américaine
Dates : 1897-1985
Spécialité : la psychiatrie et la psychanalyse.
Connu pour : avoir synthétisé les travaux sur la théorie de l'objet, visant entre autres à corriger la vision freudienne de la personnalité.

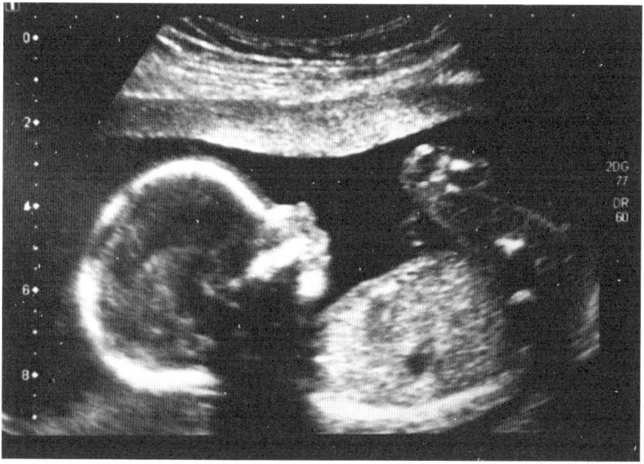

Échographie.

Les stades de la personnalité selon Malher

Voici les stades du développement de la personnalité du très jeune enfant, présentés par Mahler, l'objectif étant d'acquérir une personnalité complètement distincte :

- **Phase autistique** (de la naissance à 2 mois) : l'enfant est dans un état d'isolement psychologique proche du sommeil, presque comme s'il était dans l'utérus. C'est une période d'union totale où il ne peut pas faire la différence entre sa mère et lui-même. La phase autistique est un système fermé, toute l'énergie émotionnelle étant concentrée sur le corps du bébé..
- **Phase symbiotique** (de 2 à 6 mois) : désormais, la vague conscience d'un autre commence à voir le jour. L'autre est perçu comme quelque chose qui calme la faim, la soif et autres désagréments, qui satisfait les besoins du bébé. Il n'y a toujours pas de distinction entre « je » et « tu ». Nous sommes un tout.
- **Éclosion ou différenciation** (de 6 à 10 mois) : le monde de l'enfant commence à s'ouvrir un peu. L'éclosion est le sens de la différence entre le nourrisson et les objets du monde qui l'entoure. Lorsque l'enfant commence à s'ouvrir psychologiquement à ce monde vaste et hostile, il exige souvent d'emporter quelque chose avec lui : l'*objet transitionnel*. L'enfant développe aussi une *angoisse de l'inconnu* : il est ennuyé ou parfois effrayé par les gens qu'il n'a jamais vus auparavant.

- **Période d'indépendance** (de 10 à 16 mois) : c'est une phase où l'enfant est entraîné par son indépendance. Il est parfaitement conscient de sa séparation et teste son autonomie.
- **Le rapprochement** (de 16 à 24 mois) : juste au moment où l'enfant pense qu'il mène la danse, sa confiance en prend un coup, car il réalise qu'il est seul. Il se rapproche alors de maman.
- **La constance relative de l'objet émotionnel** (de 2 à 3 ans) : une fois que l'enfant est « revenu à la maison » pour ainsi dire, il est finalement capable de développer un sens du soi et de la sécurité suffisamment fort pour « sortir » par lui-même. C'est à ce stade qu'il va développer une certaine assurance par rapport à lui-même.

L'inconscient selon Jung

Le médecin psychiatre suisse Carl Jung nous a laissé l'une des théories de la personnalité les plus métaphysiques et les plus ésotériques. Elle est cependant très connue et évoque ce que nous pressentions sans que nous puissions mettre le doigt dessus.

Jung était, en un sens, relativement conventionnel puisqu'il a lui aussi parlé du moi et de l'inconscient. Mais il a remis en question un grand nombre de théories avec l'autre composante majeure de son travail sur la personnalité : l'inconscient collectif.

Tout comme un grand nombre de théoriciens, Jung a beaucoup parlé du rôle du moi dans l'adaptation. Son moi est au centre de toutes les tentatives conscientes et volontaires d'adaptation et il ne peut fonctionner qu'avec le connu.

Chez Jung, l'inconscient personnel et l'inconscient collectif représentent les parties inconnues de la personnalité :

- **L'inconscient personnel** : il se compose des informations et des souvenirs oubliés dont le moi n'est pas conscient en temps normal. Il comprend des informations quotidiennes et nos histoires personnelles banales, tous nos souvenirs oubliés.
- **L'inconscient collectif** : il comprend pour Jung l'histoire de l'humanité héritée dans la structure de notre esprit. Toutes les luttes et les thèmes communs depuis l'époque où nous chassions les mammouths et où nous poussions des grognements

en guise de paroles y sont conservés. Ces données influencent notre comportement même si la plupart du temps nous ne nous en rendons pas compte. L'inconscient collectif n'est pas accessible à une conscience normale. D'après Jung, seuls les artistes et les visionnaires ont une chance d'y accéder vraiment, car ils font appel à quelque chose de plus profond et de plus important que les tribulations d'un individu.

Portrait

Nom : JUNG
Prénom : Carl Gustav
Nationalité : suisse
Dates : 1875-1961
Spécialité : médecine, psychiatrie, psychologie.
Connu pour : sa théorie de l'inconscient collectif, ses archétypes et le concept de *synchronicité*.

Portrait de Carl Gustav Jung.

Autres concepts jungiens

D'après Jung, il y a, dans l'inconscient collectif, des images et des symboles primordiaux qui donnent naissance aux légendes, aux mythes et aux autres histoires transmises de génération en génération. Jung appelle ces images et ces symboles des *archétypes*.

Il a aussi posé les notions de l'*ombre*, de l'*anima* et de l'*animus* :

- **L'ombre** représente la face obscure de l'humanité. Elle conteste l'image morale qu'un individu a de lui-même. Sans correspondre forcément au côté diabolique de l'homme, elle remet en question la vision d'un être fondamentalement bon.
- **L'anima** représente l'énergie et les aspects féminins essentiels d'un individu. À l'origine de nos humeurs, elle guide nos actions inspirées par l'émotion. Elle nous permet d'être plus sociables et plus conscients de nos relations aux choses et aux autres.
- **L'animus** correspond logiquement à la part masculine de notre inconscient, c'est la force ou le guide rationnel de nos vies. Un individu dominé par son animus est exigeant, catégorique et sait tout mieux que les autres.

Chacun d'entre nous dispose de l'anima et de l'animus dans son inconscient collectif. Ces deux notions se complètent et travaillent ensemble pour nous guider vers une approche équilibrée de la vie.

Enfin, nous devons à Jung la théorie de l'*introversion* et de l'*extraversion*.

Les introvertis sont réfléchis. Ils n'aiment pas laisser les choses au hasard et ont parfois du mal à s'adapter à notre monde, où tout doit aller vite, car ils passent trop de temps à analyser les choses. À l'inverse, les extravertis sont spontanés et parfois irréfléchis, ce qui peut leur causer des problèmes. Ils s'adaptent généralement bien aux nouvelles situations, mais font de temps en temps des erreurs inutiles. Selon Jung, chacun de nous est en fait constitué d'un mélange des deux.

Apprendre des autres avec Albert Bandura

En 1977, Albert Bandura a conduit une expérience désormais célèbre pour observer le phénomène de personnalité violente. Il en a tiré une théorie sur la personnalité en général. Cette expérience a été réalisée à l'aide d'un mannequin gonflable, lesté aux pieds de sorte qu'il se redresse rapidement lorsqu'on le frappe. Lors de cette expérience, un adulte frappe le mannequin devant un enfant, qui assiste à toute la scène. Ensuite, on laisse l'enfant seul dans la pièce avec le mannequin. L'enfant se transforme en mini-boxeur et frappe le mannequin exactement comme il a vu l'adulte le faire.

La théorie d'*apprentissage social* de Bandura explique ce phénomène. Elle constitue une avancée importante dans l'étude de la personnalité et de son développement. Nos personnalités sont le produit de nos expériences d'apprentissage, elles-mêmes fondées sur l'observation de notre entourage.

Bandura est allé plus loin en se demandant ce qui nous pousse à agir comme nous le faisons. Il a introduit deux concepts très importants pour répondre à cette question :

- **L'auto-efficacité** consiste à croire en notre capacité à adopter avec succès un comportement. Cette croyance s'appuie sur ce que Bandura a appelé le « processus d'auto-appréciation », c'est-à-dire l'analyse de nos actions et l'évaluation de leur succès ou de leur échec. Un sens de nos capacités en découle, nous sommes motivés par nos croyances et gênés par nos échecs. Nous faisons ainsi ce que nous pensons pouvoir faire et vice versa.

- **L'autorenforcement** revient tout simplement à se donner des récompenses pour une action réalisée. Certains parents récompensent ou renforcent leurs enfants lorsqu'ils font leurs devoirs ou rangent leur chambre. Selon Bandura, nous le faisons tous pour nous-mêmes également.

Portrait

Nom : BANDURA
Prénom : Albert
Nationalité : canadienne
Dates : né en 1925
Spécialité : l'enseignement et la psychologie.
Connu pour : le concept d'auto-efficacité et la théorie de l'apprentissage social.

La structuration de nos expériences

Certains psychologues considèrent que la façon dont les gens se représentent eux-mêmes et leur expérience du monde est un aspect fondamental de leur personnalité et de la manière dont ils agissent.

Les étiquettes, les surnoms et les noms sont autant d'exemples de représentation de ce que nous sommes. Ils sont pratiques et nous permettent de rassembler rapidement un grand nombre d'informations sur quelqu'un. Cette façon d'organiser les informations sur les gens et le monde est le produit de notre tendance à ordonner et à structurer nos expériences.

Cette représentation structurée de l'expérience s'appuie sur la récurrence de qualités similaires d'une personne ou d'une expérience à travers des événements répétés. On en déduit des qualités attribuées à cet individu ou à cette expérience. Cet ordre prend la forme de *schémas* ou de constructions mentales. Une fois que nous avons élaboré ces représentations structurées des gens, et de nous-mêmes, nous les utilisons pour reconnaître et comprendre de nouvelles informations.

Les psychologues cognitifs de la personnalité considèrent la représentation de l'expérience sous forme de schémas comme la construction mentale centrale de la personnalité humaine.

Les schémas de soi et les schémas sociaux

Deux types de schémas fondamentaux jouent un rôle dans l'établissement des régularités et des modèles de personnalité : les schémas de soi et les schémas sociaux.

Les *schémas de soi* correspondent aux unités organisées d'informations sur nous-mêmes. Parfois, on les appelle « concepts de soi ». Ces schémas de soi sont des réseaux conceptuels intégrés qui comprennent notre opinion sur nous-mêmes mais aussi celle des autres. Ils fournissent des informations détaillées sur nous, qu'elles soient démographiques (notre âge) ou qu'elles concernent nos valeurs. Ils peuvent être mis à jour automatiquement par l'expérience ou révisés par une attention et un effort constants.

Les *schémas sociaux* constituent l'autre composante majeure de développement de la personnalité. Ils comprennent la représentation de catégories de gens, d'environnements, de comportements sociaux et d'attentes stéréotypés. On les appelle aussi « scénarios ». Ces scénarios déterminent la façon dont nous agissons. On pourrait penser que nos personnalités sont plutôt simples. Mais nous avons tous le sentiment qu'elles sont plus complexes qu'elles n'en ont l'air.

Nos scénarios selon Walter Mischel

Walter Mischel, psychologue américain d'origine autrichienne, a essayé d'ajouter un peu de piquant à la version plutôt sèche de la personnalité par schémas. En 1980, il a présenté cinq catégories de scénarios pour donner forme à cette conceptualisation quasi robotique : les compétences, les stratégies d'encodage, les attentes, les valeurs subjectives et les mécanismes d'autorégulation.

L'un des aspects importants de notre personnalité, c'est notre collection personnelle d'aptitudes et de capacités à résoudre les problèmes et à analyser le monde. C'est ce que Mischel a appelé les *compétences*. La façon dont nous relevons les défis dans notre vie définit en partie notre personnalité : êtes-vous un fonceur ou un analyste ? Le test des instructions est une bonne façon de le savoir : lorsque vous achetez un meuble à monter soi-même, lisez-vous les instructions ou les laissez-vous de côté ?

Les théories cognitives de la personnalité insistent beaucoup sur l'information et sur la façon dont elle est stockée et interprétée, car ces stratégies et ces constructions que nous utilisons pour organiser l'information constituent un aspect important de la personnalité. C'est ce processus de construction des schémas et des scénarios complexes qui va finalement guider notre comportement.

Les *stratégies d'encodage* correspondent à la manière unique dont une personne va interpréter le monde. Il arrive ainsi souvent que deux personnes qui assistent au même événement en aient une interprétation complètement différente.

Les *attentes* correspondent aux espoirs ou aux prévisions concernant un événement qui suivra forcément un autre événement. Elles définissent les règles à suivre pour agir et gérer des situations précises. Si ces règles correspondent à la réalité de la situation, le comportement sera alors efficace et un sentiment de maîtrise se développera. Si ce n'est pas le cas, la seule solution est de continuer à essayer.

Les *valeurs subjectives* représentent ce qui est important pour nous en tant qu'individus et déterminent ce que nous sommes prêts à faire pour l'obtenir.

Les *systèmes* et des *plans d'autorégulation* nous permettent de définir un objectif, d'essayer de l'atteindre, puis d'analyser l'atteinte ou non afin de procéder aux ajustements nécessaires. Chacun d'entre nous a une façon unique de le faire, c'est ce qui caractérise notre style personnel.

En fin de compte, selon cette vue représentative de la personnalité, la façon dont nous nous voyons et dont nous percevons le monde ainsi que les manières dont ces vues sont organisées sous forme de projets comportementaux représentent la personnalité.

Regard à l'intérieur de soi.

Conscience et perception de soi

L'individu s'inscrit dans un parcours qui le mène de la perception à la conscience de soi. En fait, une fois que nous avons développé un sens de la perception de soi, nous avons atteint le stade de la conscience de soi.

Le saviez-vous

La technique du miroir est l'un des outils utilisés par les psychologues pour tester le niveau de conscience de soi des nourrissons et des enfants. Même si certains psychologues affirment que c'est une aptitude exclusivement humaine, une étude a démontré que les jeunes chimpanzés peuvent aussi se reconnaître dans un miroir.

Le test, sous sa forme la plus simple, consiste à placer un enfant devant un miroir et à observer sa réponse. Certains chercheurs ont démontré que les bébés de 5 à 6 mois étendent le bras pour toucher l'image renvoyée par le miroir, suggérant que, pour eux, il s'agit d'un autre bébé ou que l'image ne leur correspond pas.

En 1979, Michael Lewis et Jeanne Brooks-Gunn ont mis au point une version plus élaborée de ce test. Ils ont mis un peu de poudre à maquillage sur le nez de deux groupes d'enfants séparés selon leur âge, les 15-17 mois et les 18-24 mois. L'idée est que si l'enfant voit la poudre sur son nez, il va toucher son nez et essayer d'enlever la poudre. Mais pour cela, il faut que l'enfant réalise que lui et la personne dans le miroir ne font qu'un. Seule une minorité des 15-17 mois a touché son nez, en revanche la majorité des 18-24 mois l'a fait. Ces enfants s'étaient reconnus dans le miroir.

La conscience de soi et la perception de soi ne font qu'un. Être conscient de soi, c'est se percevoir soi-même et cela recouvre la conscience du corps, la conscience de soi privée (c'est-à-dire le sentiment de soi) et la conscience de soi publique (ou phénomène de l'audience invisible, le sentiment que nous avons de nous-mêmes en présence des autres).

La théorie de Daniel Stern, pédopsychiatre américain du XXe siècle, sur le concept de *soi* nous permet de bien comprendre comment on commence à s'identifier comme étant un soi unique. À partir de ses études sur les enfants, il a suggéré que nous sommes tous nés avec une aptitude innée à prendre conscience de nous-mêmes par une série d'expériences. Le *soi émergent* nous suit depuis la naissance et comprend à la base nos expériences subjectives de joie, de chagrin, de colère et de surprise. En bref, les émotions ! Le *soi nucléaire* apparaît entre 2 et 4 mois quand nos souvenirs commencent à se former, alors que nous développons un sens de nos capacités physiques. Ensuite, vient le *soi suggestif*, qui naît lorsque l'enfant s'aperçoit qu'il peut partager ses expériences avec d'autres personnes. Pour finir, le *soi verbal* se développe lorsque nous utilisons le langage pour organiser notre sentiment d'identité.

L'identité sociale

Quel est votre nom ? D'où venez-vous ? Quelle est votre religion ? Chacune de ces questions constitue un aspect de notre identité sociale, de ce qui nous permet de nous identifier à une catégorie sociale particulière. Notre identité sociale se compose de ces facteurs disparates qui, une fois rassemblés, correspondent au soi social :

- **La parenté** : nous sommes pour la plupart conscients de l'importance que tient la parenté dans notre identité sociale. Notre famille constitue notre parenté et nous donne souvent son nom.
- **L'appartenance ethnique et la nationalité** : l'appartenance ethnique est un autre aspect important de notre identité sociale. Certains préfèrent ne pas souligner les différences ethniques parce qu'ils craignent la discrimination. Mais l'appartenance ethnique contient beaucoup d'informations et fait partie de notre identité et de la culture que nous utilisons pour structurer notre vie.
- **Les appartenances religieuses et communautaires** : l'appartenance religieuse est aussi un aspect très important de l'identité d'un individu. Les Américains, entre autres, s'identifient souvent par cette appartenance : catholiques, luthériens, musulmans, juifs, hindous, etc. L'appartenance à un groupe fait référence à nos professions et aux clubs ou aux associations auxquels nous appartenons. Cela fait partie de l'identité que l'on présente aux autres.

L'identité personnelle

Pour déterminer qui nous sommes, il suffit parfois de le demander aux autres. Notre identité est souvent profondément liée à la façon dont les gens nous voient. Après tout, nous sommes des créatures sociales et nous pouvons difficilement nier qu'au moins une partie du concept de soi dépend de l'avis des autres.

Le psychologue américain Arnold Buss nous donne une bonne définition de l'identité. D'après lui, deux éléments la composent : l'identité personnelle et l'identité sociale.

Notre identité personnelle comprend tout ce qui nous fait sortir du lot. Elle est constituée d'un *soi public* et d'un *soi privé*, chacun doté de ses propres composantes.

Trois éléments importants forment **le soi public** :

- *L'apparence* : la conscience de notre apparence constitue une grande part de notre identité. Les civilisations du monde entier s'engagent dans des tentatives élaborées pour améliorer l'apparence et la beauté personnelle selon les critères définis par chaque culture. Certains philosophes considèrent qu'un sens de l'esthétique est nécessaire pour mener une vie satisfaisante et que c'est un aspect central du concept de soi.
- *Le style* : chacun de nous a une façon particulière de parler et de bouger. Notre écriture est unique. Ce sont ces éléments qui nous donnent un style.

- *La personnalité* : les théories de la personnalité tentent d'expliquer notre individualité à partir des différences entre nos personnalités. Cette personnalité est unique et permet d'être identifiable en tant qu'individu. Elle est stable et ne change pas facilement. En raison de cette constance et de cette stabilité, elle représente très bien ce que vous êtes, même si vous n'agissez pas toujours de la même façon.

Le soi privé est constitué des éléments que les autres peuvent difficilement voir et observer. Lorsqu'un patient commence une psychothérapie, il est difficile pour le psychologue de l'aider s'il refuse de parler de son soi privé, de ses pensées, de ses émotions, de ses rêveries et de ses fantasmes :

- *Les pensées* : il est difficile de savoir ce qu'un individu pense, excepté s'il nous le dit. Et nos pensées sont uniques.
- *Les émotions* : elles traduisent notre état mental. L'aspect visible des émotions d'une personne s'appelle l'« affect » et l'expérience personnelle des émotions d'un individu traduit son « humeur ».
- *Les rêveries/fantasmes* : nos fantasmes sont des plus personnels, en particulier les fantasmes sexuels, et ils contribuent à nous définir.

Les sources de l'estime de soi

Tant que les autres voient nos qualités, tout va bien. Mais l'image que nous renvoient les autres peut parfois s'avérer négative. Pourtant il est une forme d'estime qui nous construit et nous protège : l'estime de soi, c'est-à-dire l'évaluation individuelle de sa propre valeur ou son absence de valeur.

Arnold Buss, psychologue américain de la personnalité, recense six sources principales d'estime de soi :

- **L'apparence** : en général, nous nous sentons mieux lorsque nous avons l'impression d'être séduisants. Un grand nombre d'études en psychologie sociale ont démontré que les personnes jugées séduisantes ont droit à plus de sollicitude et sont préférées aux autres pour les interactions sociales.
- **Les capacités et la performance** : nous nous sentons mieux lorsque nous avons de bonnes notes, lorsque nous obtenons de bons résultats au travail et, d'une manière générale, lorsque nous sommes capables de réaliser quelque chose avec succès. Plus une personne parviendra à se réaliser, plus elle se sentira bien.
- **Le pouvoir** : lorsque nous avons l'impression de maîtriser notre vie, nous sommes plus enclins à nous sentir bien. Il y a au moins trois sous-catégories dans cette source : la domination, le statut et l'argent. La domination peut être atteinte par la contrainte, la compétition ou la position hiérarchique.

- **Les récompenses sociales** : trois types de récompenses sociales améliorent l'estime de soi : l'affection, les éloges et le respect.
- **Les sources indirectes** : il s'agit de se sentir bien en raison d'éléments extérieurs plutôt qu'intérieurs. Il peut s'agir des « retombées de la gloire » de personnes puissantes ou populaires qui nous entourent, ou de possessions matérielles.
- **La moralité** : il s'agit d'être quelqu'un de bien et de vivre en fonction des règles du comportement social. La moralité est souvent une notion relative. Mais lorsque quelqu'un sent qu'il a une grande valeur morale, il aura probablement une meilleure estime de soi.

En plus de toutes ces sources, certaines recherches suggèrent que plusieurs aspects de notre personnalité peuvent avoir un effet sur l'estime de soi. La timidité et l'isolement social sont associés à une faible estime de soi. À l'inverse, les personnes plus optimistes et plus sociables se sentent mieux. Il serait donc important d'être sociable et d'avoir de bonnes relations pour se sentir bien avec soi-même.

L'attachement

Les humains sont incontestablement des créatures sociales. Certains d'entre nous sont très sociables, d'autres moins, mais la plupart désirent avoir au moins quelques relations. En effet, si une personne ne s'intéresse absolument pas aux interactions sociales, elle peut souffrir d'une maladie mentale appelée « trouble de la personnalité schizoïde » (schizoïdie).

La relation la plus élémentaire s'établit entre deux personnes, deux conjoints, le frère et la sœur, deux amis… et c'est avec la personne maternante que nous établissons nos premières relations, qu'il s'agisse de notre mère ou non.

Pour analyser la relation qui existe entre cette personne maternante et l'enfant, les chercheurs utilisent souvent le concept d'*attachement*. John Bowlby, psychiatre et psychanalyste britannique, est l'un des précurseurs dans ce domaine. Selon lui, les nourrissons, dépendant avant tout de leur entourage pour ce qui est des nécessités de la vie (la nourriture, un abri, la stimulation, l'amour, etc.), sont en grande partie impuissants. Ils sont seulement capables de s'attacher à la personne maternante et d'établir une relation avec elle. Ce lien ou cet attachement permet de garantir que les besoins de l'enfant seront satisfaits.

Lorsqu'un nourrisson se trouve dans une situation menaçante, il essaie de se rattacher à sa mère ou à celle qui en tient lieu, c'est ce qu'on appelle la *conduite d'attachement*. Ce terme désigne tout ce que l'enfant va entreprendre pour créer ou maintenir une relation étroite avec une personne qu'il estime plus à même d'affronter le monde.

La personne maternante est considérée comme une *figure d'attachement*. Si nous savons que nos figures d'attachement sont disponibles lorsque nous avons besoin d'elles, nous nous sentons plus en sécurité.

Selon Bowlby, l'attachement est essentiel pour mener une vie constructive et saine sur le plan psychologique. En effet, en l'absence d'attachement, les enfants en bas âge souffrent souvent de dépression, d'anxiété et, d'une façon générale, de mal-être psychologique. Les effets négatifs de l'inadéquation ou de l'absence de soins pendant la petite enfance sont connus, et indéniables. Les enfants ont besoin d'avoir un contact avec des parents qu'ils connaissent et avec qui ils ont un lien.

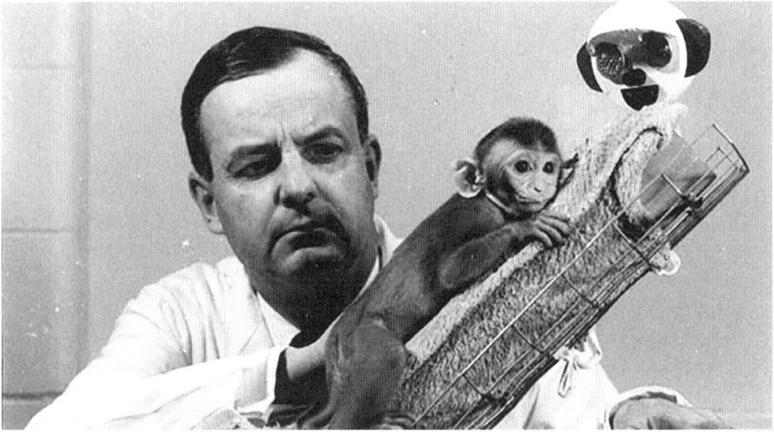

Harlow et le singe à l'origine de sa théorie de l'attachement.

Les singes de Harlow

En 1959, Harry Harlow a réalisé une expérience intéressante avec les singes. Il a enfermé des bébés singes dans une cage avec deux fausses mamans singes différentes. L'un de ces mannequins était en tissu doux mais n'avait pas de nourriture, l'autre était en fil de fer mais possédait de la nourriture pour les bébés. Ceux-ci ont préféré le contact avec le mannequin doux, montrant ainsi que la recherche de proximité avec la mère primait sur la nourriture.

Harlow a fait ensuite une autre expérience : il a privé de jeunes singes rhésus de tout contact social avec d'autres singes pendant six mois. Lorsque ces singes étaient de nouveau placés avec les autres, ils avaient un comportement proche de celui d'un humain déprimé et angoissé, avec des manifestations graves de rejet, de violence exercée sur eux-mêmes (comme le fait de se mordre) et de nervosité.

Portrait

Nom : HARLOW

Prénom : Harry
Nationalité : américaine
Dates : 1905-1981
Spécialité : la psychologie de l'attachement.
Connu pour : ses études de privation maternelle sur les macaques, qui ont choqué l'opinion publique pour forcer la prise de conscience sur le soin nécessaire aux nourrissons.

Les styles d'attachement

Il est indéniable que l'attachement représente une relation essentielle pour chacun de nous, mais nous savons tous que l'idéal et la réalité sont souvent différents, même dans le domaine de l'attachement. Les théories sur les différents styles d'attachement abordent les variantes de la relation idéale décrite par John Bowlby. Elles utilisent la technique de la « situation étrange » pour déterminer la nature et l'étendue de l'attachement des enfants.

Dans le cadre d'une situation étrange, l'enfant et la personne maternante sont emmenés dans une pièce avec des jouets pour s'amuser. Ensuite, la personne maternante se lève et quitte la pièce. Les chercheurs observent la réaction de l'enfant. Quelques instants plus tard, un inconnu entre dans la pièce et on observe de nouveau la réaction de l'enfant. Finalement, la personne maternante revient dans la pièce et le comportement de l'enfant est observé une dernière fois. Les chercheurs ont mis au point cette situation étrange pour répondre aux questions suivantes : L'enfant utilise-t-il la personne maternante comme une « base sûre » à partir de laquelle il peut commencer son exploration du monde en toute sécurité ? Lorsque cette personne quitte la pièce, l'enfant s'agite-t-il ou proteste-t-il ? S'il proteste, est-ce parce qu'il préfère être en compagnie de la personne maternante ou parce qu'il a peur que celle-ci ne revienne pas ? Lorsqu'elle revient, l'enfant l'accueille-t-il avec joie ou réagit-il d'une manière plus distante, voire avec ressentiment ?

La réponse à ces questions conduit à distinguer trois sortes d'attachement élémentaires selon les comportements adoptés par l'enfant :

- **Sécurisant** : l'enfant utilise la personne maternante comme une base sûre à partir de laquelle il peut explorer ce qui l'entoure. Il proteste un peu lorsqu'elle quitte la pièce mais finit par se calmer et ne semble pas douter de son retour. En présence d'un inconnu ou d'un autre adulte, il est aimable mais sans plus. Au moment des retrouvailles, il va vers la personne maternante et cherche le contact.
- **Angoissé/ambivalent** : l'enfant n'utilise pas la personne maternante comme une base sûre à partir de laquelle il peut explorer ce qui l'entoure. Il montre parfois quelque résistance à établir le contact initial avec elle mais résiste d'autant plus si quelqu'un tente de rompre ce contact. Il a un comportement d'évitement ou parfois d'agressivité en présence de l'inconnu. Il pleure excessivement pendant la séparation et est difficile à consoler.
- **Évitant** : l'enfant semble ne pas chercher beaucoup le contact avec la personne maternante. Il est indifférent lorsqu'on le laisse seul ou pleure uniquement parce qu'il est seul et non parce qu'elle lui manque. Lorsqu'elle revient, il l'évite ou l'ignore.

Le saviez-vous

La *concordance affective* fait référence à la façon dont l'enfant et la personne maternante s'accordent au niveau du tempérament et de la personnalité. Cette concordance affective a une influence sur le type d'attachement. La personne maternante et le nourrisson semblent parfois être en harmonie complète. D'autres fois, c'est plus délicat : une mère très énergique ne s'y prendra peut-être pas bien avec un enfant calme et vice versa.

La famille

Une famille se compose d'au moins deux personnes apparentées par le sang, le mariage ou l'adoption. Certes, les familles ont beaucoup évolué ces vingt dernières années, elles se composent et se recomposent. Les enfants apprennent à avoir deux couples de parents, des demi-frères et sœurs et à partager leurs vacances. Pourtant, même si la physionomie de la famille a changé, la plupart de ses fonctions élémentaires sont restées les mêmes.

Le modèle du fonctionnement familial de McMaster (MMFF, *McMaster Family Functioning*) a été élaboré à la fin des années 1950 à l'université de Montréal. Il recense six composantes majeures :

- **La résolution de problèmes** : la capacité de la famille à résoudre les problèmes et à maintenir un bon fonctionnement.
- **La communication** : la clarté et la franchise des échanges d'informations au sein de la famille.
- **Les rôles** : les différents comportements des membres de la famille et les responsabilités de ceux-ci dans la satisfaction des besoins élémentaires, les tâches ménagères, le soutien affectif et l'alimentation.
- **Les réactions affectives** : la capacité de chaque membre de la famille à exprimer et à éprouver un large éventail d'émotions intenses et positives.
- **La réglementation du comportement** : les règles de conduite.

- **Le fonctionnement général de la famille** : il indique si la famille est capable d'effectuer ses tâches quotidiennes de bout en bout (à travers les cinq composantes ci-dessus).

La famille Adams, du film éponyme.

Les trois parents selon Diana Baumrind

Remplir le rôle de parent avec panache est loin d'être simple, d'autant que chacun y va de son conseil quotidiennement pour soi-disant soutenir les jeunes parents. Il y a presque autant d'opinions sur la façon d'élever les enfants que d'individus sur la planète. Heureusement, les psychologues ont essayé de simplifier les choses.

Diana Baumrind, psychologue clinicienne américaine, a tenté de donner une vision plus claire sur l'art d'être parent. Elle a distingué trois styles principaux de parents :

- **Les autoritaires** : ces parents sont rigides et tyranniques. Certains enfants se sentent comme des prisonniers dans leur propre famille. Leurs parents sont trop stricts, et n'écoutent jamais ce qu'ils ont à dire. Malheureusement, cette sévérité ne donne pas de bons résultats. Les enfants élevés par des parents autoritaires ont tendance à être trop passifs ou, au contraire, exagérément rebelles et parfois hostiles.
- **Les autorisants** : ces parents ont une approche plus démocratique. Ils sont parfois critiqués par les générations précédentes, qui leur reprochent d'essayer de raisonner leurs enfants. Ils écoutent leurs enfants et leur permettent de prendre des initiatives mais maintiennent une autorité et un contrôle parental.

Les enfants se développent bien dans un tel environnement. Ils sont plus sociables, ont davantage confiance en eux et sont plus équilibrés quand ils grandissent.

- **Les permissifs** : il existe deux types de parents permissifs :
  - *les indulgents*, qui s'impliquent dans l'éducation de leurs enfants mais répugnent à jouer un rôle autoritaire et à inculquer la discipline. Ils permettent parfois à leurs enfants d'avoir un comportement discutable parce qu'ils refusent de les aliéner.
  - *les indifférents*, qui sont plutôt négligents. Cette indifférence peut être imputée à différents facteurs : la carrière, la drogue ou le narcissisme. Dans tous les cas, les enfants de parents permissifs ne se sentent pas armés pour affronter l'âge adulte.

Les fonctions de la fratrie

Développant des relations diverses mais intenses, les frères et les sœurs ont une influence très importante sur le développement d'un individu. Ils créent un environnement familial qui serait différent sans eux. Ils sont aussi de bonnes sources d'amitié, de camaraderie et d'affection. Parfois, ils peuvent jouer le rôle de modèles.

Les frères et sœurs remplissent mutuellement trois types de fonctions :

- **La régulation mutuelle** : ils servent de cobayes pour tester de nouveaux comportements. Grâce à eux, il est possible d'évaluer l'effet d'une lettre de rupture avant de l'envoyer à son (sa) petit(e) ami(e).
- **Les services directs** : ils partagent avec nous les corvées ménagères et nous rendent des services. Ils font le taxi, nous aident à faire nos devoirs, nous donnent des conseils vestimentaires.
- **Les négociations avec les parents** : les frères et sœurs nous aident à former des alliances et des coalitions. Quand les temps sont durs, on se serre les coudes.

Beaucoup de personnes ont connu une sorte de rivalité fraternelle. D'après les études effectuées sur les relations entre frères et sœurs, l'antagonisme et les disputes sont cités le plus souvent dans les aspects négatifs. Certains pensent que les querelles disparaissent avec l'âge. En fait, la nature émotionnelle à la base des relations entre frères et sœurs reste relativement stable. Les interactions peuvent changer, mais les sentiments restent quasi les mêmes.

Des enfants à Naples en 1961.

Comment jugeons-nous les autres ?

Il est plutôt difficile d'essayer d'expliquer le comportement des autres. Comme nous ne pouvons pas regarder à l'intérieur de l'esprit, nous ne pouvons que deviner ce qui s'y passe. Cela ne nous empêche pas de tenter d'expliquer les actions des autres parfois un peu hâtivement par des jugements irréfléchis.

Les jugements irréfléchis sont des évaluations instantanées, automatiques et inconscientes des autres. Nous fondons nos jugements irréfléchis sur deux types de signaux :

- **Les signaux statiques** : ce sont les éléments qui changent très peu chez un individu, tels que son apparence, son sexe, sa corpulence (mais pas les vêtements). Nous utilisons ces informations pour formuler des *jugements d'évaluation* sur une personne. Ces jugements peuvent être justes ou erronés.
- **Les signaux dynamiques** : ce sont les éléments qui ont tendance à changer selon la situation, tels que les expressions du visage et les manies. Lorsque nous voyons quelqu'un sourire, nous pouvons considérer que cet individu est heureux en général. Ainsi, nous utilisons des informations plutôt élémentaires pour faire des évaluations irréfléchies sur la personnalité des individus ou sur leur vie.

Les jugements irréfléchis ne sont que le début de nos tentatives pour comprendre les individus et nous y avons tous recours, même inconsciemment.

Solomon Asch, pionnier de la psychologie sociale, a mis au point une théorie très connue sur la formation d'impressions. Cette théorie se concentre sur l'existence de *traits centraux* qui faussent notre interprétation et minimise l'importance des autres traits, comme si nous avions l'intuition que certains traits vont ensemble. Par exemple, une personne séduisante aura plus de chances de trouver quelqu'un pour l'aider à changer sa roue qu'une personne sans charme. C'est sans doute parce que nous supposons que la beauté est automatiquement liée à la gratitude.

Les stéréotypes de nos jugements

En 1954, Jerome Bruner et Renato Tagiuri ont établi leurs désormais célèbres *théories implicites de la personnalité* : ces croyances générales à propos de la fréquence d'un trait, de sa variabilité et de ses liens avec d'autres traits de la personnalité.

En général, les théories implicites de la personnalité correspondent à des stéréotypes, qui sont eux-mêmes une conséquence inévitable de nos efforts pour donner un sens à notre monde social. Il s'agit de raccourcis de la pensée nous évitant de stocker dans nos mémoires des évaluations indépendantes pour chaque personne rencontrée. Nous classons ainsi les gens dans des catégories et cela se traduit parfois par la formation de stéréotypes. Malheureusement, dans cette tentative de simplifier le monde, nous avons tendance à trop généraliser les aspects négatifs, ce qui conduit souvent aux préjugés et au racisme.

Lorsque nous attribuons un comportement à une cause, nous nous appuyons sur trois types d'informations importantes :

- **La constance** : les individus se comportent généralement de la même façon dans différentes circonstances. Ce même comportement nous donne une idée de leur constance et nous l'attribuons à sa personnalité. Plus la personne est inconstante, plus nous attribuons son comportement aux circonstances.

- **Le signe distinctif** : un comportement est caractéristique parce que l'individu agit de la même façon avec tout le monde et non avec un individu en particulier. Comme son comportement ne varie pas en fonction du contexte ou de l'environnement, il s'agit probablement d'un trait de sa personnalité.
- **Le consensus** : cela correspond au comportement attendu ou typique d'un individu dans une situation donnée. S'il agit autrement, nous dirons qu'il agit hors consensus.

Il existe un grand nombre de combinaisons possibles de ces trois types d'informations. Logiquement, l'association constance élevée, signe distinctif faible et consensus faible conduit à une attribution personnelle (une cause ou explication interne est donnée pour le comportement). En revanche, la constance élevée, le signe distinctif élevé et le consensus élevé conduisent à une attribution externe. Si nous agissons toujours de la même façon mais répondons différemment aux mêmes stimuli, et si tout le monde fait de même, la situation ou l'environnement extérieur prédominent.

Les déformations de notre jugement

Tombons-nous toujours juste quand nous attribuons tel ou tel trait de personnalité à un individu ? Bien sûr que non.

En réalité, nous faisons tous une erreur récurrente : l'*erreur fondamentale d'attribution*. La plupart du temps, nous sous-estimons le rôle des causes externes comme déterminants du comportement humain. Nous avons tendance à considérer que les autres sont entièrement responsables de ce qu'ils font. Si nous raisonnons ainsi, c'est parce qu'il nous manque des informations significatives sur leur comportement face aux différentes situations. Alors, en cas de doute, nous attribuons le comportement à celui qui le produit. Plus nous disposons d'informations, plus notre jugement s'améliore.

Nous avons également tendance à attribuer plus facilement notre comportement que celui des autres à des causes externes. Comme il s'agit de nous, nous avons accès à plus d'informations. De même, nous attribuons nos succès à des causes internes et nos échecs à des causes externes, et inversement pour les autres personnes.

Un autre concept utile pour comprendre la déformation de nos jugements s'appelle la *dissonance cognitive*. Mis en évidence par l'expérience de Leon Festiger et James Carlsmith, elle consiste à modifier ses opinions et ses convictions en vue de les adapter à ses actions. Ainsi, lorsque nous adoptons un comportement qui se trouve en contradiction avec nos convictions, nous modifions celles-ci pour qu'elles soient en harmonie avec notre comportement. La dissonance cognitive nous en apprend beaucoup sur nous-mêmes et sur la façon dont nous nous engageons dans le *processus d'auto-attribution*. Selon la théorie sur l'autoperception mise au point par Daryl Bem, nous connaissons nos attitudes par les déductions que nous faisons en observant notre comportement de la même façon que nous observons celui des autres. Lorsqu'il n'y a plus d'adéquation entre notre façon d'agir et nos convictions, nous changeons d'opinions, et lorsque nous essayons de nous représenter notre propre comportement et de le juger, nous pratiquons la déformation avec maestria.

Il existe trois formes particulièrement intéressantes de déformation :

- **L'effet de faux consensus** (tendance à surestimer) : nous pensons à tort que nos opinions et nos comportements, en particulier les plus condamnables, sont partagés par le plus grand nombre.
- **L'effet de faux caractère unique** (tendance à sous-estimer) : certaines personnes ont tendance à croire que leurs problèmes sont si différents de ceux des autres que personne ne pourra vraiment les comprendre. Il s'agit donc de la tendance à sous-estimer la banalité de ses convictions, en particulier les plus louables.
- **L'auto-handicap** : lorsque nous cherchons des excuses pour expliquer un échec, pour protéger notre estime de soi ou notre image, nous pratiquons l'auto-handicap.

La communication interpersonnelle selon Hargie, Saunders et Dickson

Communiquer : plus facile à dire qu'à faire ! Pourtant l'aptitude à communiquer est vitale pour être reconnu socialement.

Les psychologues Owen Hargie, Christine Saunders et David Dickson ont développé un modèle de *communication interpersonnelle* et mis en évidence plusieurs éléments importants du processus de communication. Chaque personne impliquée dans un échange apporte ses thèmes, ses connaissances, ses attitudes, ses qualités et ses défauts, ainsi que ses émotions par rapport à la situation. Tous ces éléments vont influencer le processus de communication.

Chaque situation particulière entraîne un style ou un aspect différent de la communication. Nous ne communiquons pas de la même façon en réunion officielle ou lors d'une rencontre informelle. En général, nous évitons de jurer pendant un entretien d'embauche, mais nous ne nous en privons pas devant un match à la télé.

Tous les épisodes de communication sont motivés par un but. Plusieurs objectifs peuvent même être poursuivis simultanément. Une conversation varie en fonction de l'objectif fixé. Dans le cas d'une visite à un vieil ami ou celui d'une évaluation psychologique, je parlerai de choses différentes.

Plusieurs *processus médiateurs* sont à la base de la communication. Tout processus psychologique permettant d'atteindre l'objectif de communication ou l'aboutissement de cette communication peut être considéré comme un processus médiateur. Trois d'entre eux sont particulièrement importants :

- **La focalisation** : ce qui attire notre attention peut avoir un effet déterminant.
- **L'inférence** : elle consiste à faire le lien entre la conversation actuelle et les connaissances préalables ou à chercher à voir ce qu'il y a derrière l'information communiquée.
- **Le *feed-back*** : les autres vont nous indiquer si nous communiquons efficacement et comment nous le faisons. Nous utilisons ce *feed-back* pour changer la façon dont nous communiquons afin de mieux atteindre les objectifs de la conversation.

Pour bien communiquer, il faut enfin maîtriser les techniques de communication suivantes : poser des questions, expliquer et écouter.

Poser des questions

Toute communication efficace passe par le processus de *questionnement* (d'après Hargie, Saunders et Dickson). Les questions sont idéales pour commencer une conversation, rassembler des informations et montrer à la personne que nous nous intéressons à ce qu'elle dit.

Il existe différents types de questions : des questions élémentaires, des questions qui demandent analyse, évaluation ou encore solution à un problème, etc. Les questions « fermées » ne requièrent qu'une réponse affirmative ou négative ou encore d'identification. Les questions « ouvertes » nécessitent une description ou une composition.

Bien poser les questions, c'est tout un art. Il est souvent très utile de donner à la personne qui répond à ces questions un contexte ou une structure pour cadrer la question. Vous pouvez commencer en disant : « J'ai trois questions principales. » Il faut en tout cas renseigner la personne sur ce que vous allez dire, lui donner une sorte de plan de conversation. Parfois, nous avons besoin d'un signal pour répondre correctement à une question. C'est ce qu'on appelle l'*incitation*. Un ensemble d'affirmations préalables peut également aider la personne qui répond.

Expliquer

Pour savoir parler, il ne suffit pas de poser des questions. Il faut aussi être capable de s'expliquer. Les explications fournissent des informations, des éclaircissements et sont souvent utilisées pour démontrer quelque chose. Lorsque vous faites une remarque dans une conversation, vous pouvez étayer votre argumentation en fournissant une explication solide à votre prise de position.

Les bonnes explications sont claires, ciblées et adaptées aux connaissances de l'interlocuteur. Il est également préférable d'être bref et d'éviter les *euh*, les *hum*, les *donc*, etc. Ces tics de langage ne font qu'entraver la communication. Les personnes qui écoutent risquent de se désintéresser du sujet.

Parfois, il est utile de faire une pause et de reprendre ce qui a été dit, de sorte que l'interlocuteur puisse organiser et intégrer les explications. Il est aussi très important d'utiliser un langage approprié à ceux qui vous écoutent. Si vous entrez trop dans les détails techniques ou si, au contraire, vous êtes trop vague, votre public ou votre interlocuteur risque de décrocher.

L'Écoute, par Henri de Miller (1986).

Écouter

Écouter constitue le troisième aspect fondamental d'une communication réussie. Les conversations à sens unique n'ont pas grand-chose à voir avec la communication. Hargie, Saunders et Dickson donnent quelques conseils pour favoriser l'écoute :

- Préparez-vous physiquement et préparez votre environnement. Éteignez la radio, tentez de limiter les bruits extérieurs. Asseyez-vous de façon à bien entendre la personne qui parle.
- Soyez conscient de vos préjugés et de vos idées préconçues et préparez-vous mentalement à être attentif.
- Restez concentré en vous posant des questions intérieurement sur ce que le locuteur est en train de dire.
- N'interrompez pas si ce n'est pas nécessaire.
- Identifiez mentalement les points principaux de la communication du locuteur et organisez ce qu'il dit en catégories : qui, quand, quoi, pourquoi et comment.
- N'utilisez pas de « techniques de blocage », comme nier les sentiments de quelqu'un et changer de sujet.
- Regardez la personne quand elle vous parle.
- Faites des signes de tête affirmatifs.
- Tournez votre corps vers le locuteur et maintenez une posture ouverte. Ne croisez pas vos bras et ne vous détournez pas.
- Ne faites pas autre chose à côté.

S'affirmer

La capacité à communiquer ses besoins d'une manière directe et assurée : voilà comment nous pourrions définir le fait de s'affirmer ; dire ce que l'on pense sans pour autant enfoncer les autres ou être agressif.

C'est l'expression d'une forme d'*assurance*. L'assurance est une aptitude sociale qui s'apprend. En fait, beaucoup de gens n'osent rien dire de peur d'être mal vus ou de blesser les autres. En général, lorsque les individus acquièrent plus d'assurance, la qualité de leurs relations s'améliore aussi. Lorsqu'ils apprennent à communiquer avec assurance, de nouvelles possibilités de communication s'ouvrent à eux.

On utilise ainsi différentes assertions. Les *assertions élémentaires* sont des expressions telles que « Non, je n'aime pas ce film ! » ou « Merci, mais j'ai mangé assez de gâteaux ! » Les *assertions emphatiques* sont utilisées pour faire comprendre à quelqu'un que nous avons bien saisi sa position même si nous n'avons pas le même avis. Lorsqu'un individu commence par une assertion élémentaire puis utilise des formulations de plus en plus directes et quasiment sans ambiguïté, on parle d'« escalade des assertions ». Cette technique fait merveille auprès des vendeurs trop empressés ou arrogants.

Pour faire preuve d'assurance, il vaut mieux s'exprimer à la première personne plutôt que de mettre l'accent sur le comportement de l'autre personne en la désignant constamment par « vous/tu ».

À chacun son rôle

À part si vous êtes un ermite qui vit dans une cabane au milieu du désert, vous vivez dans une *matrice sociale*, une configuration à plusieurs niveaux de relations sociales, allant des rapports parents-enfants aux relations entre collègues. Nous sommes tous comme au milieu d'un immense cercle à plusieurs anneaux, chacun représentant un niveau d'organisation sociale.

Chacun de ces anneaux comporte une série de comportements attendus, des règles qui déterminent ce qu'un individu doit faire. Les règles sociales ou les modèles de comportement inhérents à chaque groupe correspondent à des *normes*. Les cultures ont des normes, les familles aussi et même les *subcultures*. Une subculture est souvent constituée d'un petit groupe social parfois organisé autour d'une activité de loisir.

En général, nous préférons nous considérer comme des individus purs et durs. Nous répugnons à l'idée de suivre des normes. Ces dernières ne sont pourtant pas toutes mauvaises. Elles simplifient des situations sociales complexes et nous évitent de réfléchir à ce que nous devons faire ou dire. Les situations sociales fonctionnent plus facilement lorsque les normes sont claires, certaines semblent d'ailleurs universelles. Ainsi, en 1965, le psychologue américain Roger Brown a révélé que, dans presque toutes les cultures, les individus parlent avec plus de respect aux personnes ayant une position sociale supérieure à la leur. Certes, il y a des normes universelles, mais il existe aussi des variantes : la façon de recevoir, de demander à boire ou à manger, la façon de faire la queue, etc.

Un *rôle* est un type de norme spécifique qui définit comment un individu doit agir dans une situation donnée. Chacun de nous joue plusieurs rôles (étudiant, employé, frère, sœur, parent, etc.), qui dictent des comportements différents pour chaque situation. Le *rôle des sexes*, les comportements définis selon que l'on est homme ou femme, détermine également fortement notre comportement individuel : les garçons portent du bleu, les filles du rose ; les garçons sont durs, les filles sont douces, etc.

L'expérience des rôles par Zimbardo, ou l'effet Lucifer

La définition des rôles détermine fortement notre comportement. Elle dépasse parfois nos personnalités individuelles et nos préférences.

En 1972, Philip Zimbardo a réalisé une expérience célèbre, l'expérience de la prison de Stanford, qui a illustré le pouvoir des rôles, notamment dans une situation carcérale. Le but était d'illustrer l'impact du rôle et du contexte sur les agissements d'un individu. Des étudiants ont été recrutés sur des critères de stabilité émotionnelle et de maturité pour participer à une mise en situation dans une prison.

Chaque étudiant était désigné au hasard pour jouer le rôle de gardien ou de détenu. Chaque participant connaissait le caractère aléatoire de cette attribution des rôles sans prédispositions psychologiques ou physiques quelconques. L'expérience avait lieu dans une prison de fortune installée dans le département de psychologie de l'université de Stanford.

Zimbardo a dû interrompre son expérience au bout de six jours au lieu des deux semaines envisagées. Chacun avait pris son rôle présupposé trop à cœur : violence, humiliation et maltraitance de la part des gardiens ; haine, mise en échec du système, et grève de la faim, du côté des détenus. Une seule étudiante, parmi tous les organisateurs et les participants, a protesté et s'est opposée à la poursuite de l'expérience sur plus d'une cinquantaine de personnes.

Les problèmes éthiques soulevés par cette expérience la rapprochent de celle qui a été menée en 1963 à l'université Yale par Stanley Milgram (voir « L'expérience de Milgram »).

L'expérience de Stanford a inspiré beaucoup d'œuvres :

- *Black Box*, nouvelle de Mario Giordano, 1999.
- *L'Expérience*, film allemand de 2001, et son remake *The Experiment* en 2010 par Paul Scheuring.
- *Acide sulfurique*, roman d'Amélie Nothomb, paru en 2005.

Que feriez-vous enfermé derrière des barreaux ?

Se conformer

Les groupes exercent toutes sortes de pressions sur leurs membres. Certains disposent de règles explicites pour que personne ne dévie de l'attitude à avoir. Dans d'autres cas, les règles sont sous-entendues et les pressions subtiles. La conformité est définie comme un changement de comportement entraîné par la pression du groupe, réelle ou ressentie. Nous nous conformons bien plus que nous le pensons.

Dans une étude datant de 1937, Muzafer Sherif a observé la façon dont un individu modifie son jugement en fonction des réponses données par les autres. Le sujet devait estimer la distance parcourue par la lumière dans une pièce sombre. Lorsque d'autres personnes étaient présentes et proposaient des estimations différentes, le sujet modifiait alors sa réponse pour qu'elle se rapproche de celle des autres. La réponse des autres l'avait influencé.

En 1955, Solomon Asch est arrivé à la même conclusion après une autre expérience. Il a constitué un groupe de plusieurs individus et leur a demandé d'estimer la longueur de différentes lignes. Les individus modifiaient leur réponse pour s'aligner sur le groupe.

Ces deux expériences montrent bien comment un individu se conforme au groupe sous la pression de celui-ci, même si cette pression est subtile.

L'obéissance est une forme extrême de conformité, qui implique souvent le fait d'agir contre son jugement ou ses véritables intentions.

Les facteurs de la conformité et de l'obéissance

Huit facteurs semblent augmenter la conformité et l'obéissance des individus :

- **La distance émotionnelle** par rapport à la victime : plus nous avons un lien personnel avec un individu, moins nous aurons tendance à agir sans compassion. Il est plus difficile d'être cruel lorsque la victime a un visage.
- **La proximité et la légitimité de l'autorité** : lorsqu'un représentant de l'autorité se trouve à proximité, il est plus probable que nous obéissions, à condition que cette autorité soit perçue comme légitime.
- **L'autorité institutionnelle** : lorsque le représentant de l'autorité fait partie d'une institution reconnue, l'obéissance est plus probable. Il est plus facile de se soumettre aux décisions d'un juge qu'à celles de l'homme assis à côté de nous à l'arrêt de bus.
- **La taille du groupe** : les groupes de trois à cinq personnes exercent la pression la plus importante sur l'individu pour qu'il se conforme.
- **L'unanimité** : lorsque les groupes sont en accord parfait, il est plus difficile pour un individu isolé de résister à la conformité.
- **La cohésion** : plus le groupe sent qu'il est uni et bien organisé, plus il aura de pouvoir sur ses membres.

- **Le statut** : les personnes qui ont un statut plus élevé ont plus d'influence.
- **La réponse publique** : nous avons plus tendance à nous conformer lorsque nos comportements sont rendus publics. Il est plus facile de montrer son désaccord en privé ou de façon anonyme.

Bien que la conformité et l'obéissance ne soient pas forcément mauvaises, il est préférable d'apprendre à leur résister parfois. La période nazie, en Allemagne, est peut-être l'un des exemples les plus horribles de conformité. Il est donc important de maintenir un certain degré de diversité individuelle dans chaque groupe social. Pour empêcher la conformité, il faut garder à l'esprit le caractère unique de chaque être humain et le respecter. La liberté d'expression et la tolérance religieuse sont également de bonnes protections contre la conformité. Tant que les individus se sentent libres de dire ce qu'ils pensent, celle-ci s'impose moins facilement.

L'expérience de Milgram

En 1965, Stanley Milgram a réalisé une expérience sur l'obéissance qui touche aux limites de l'extrême. Les sujets étaient installés à un tableau de commandes et devaient actionner un bouton pour soumettre d'autres sujets à des électrochocs. Ces autres sujets, qui se trouvaient au-delà d'une paroi vitrée, étaient en réalité des expérimentateurs censés participer réellement à l'expérience.

Le principe : les faux sujets doivent subir des électrochocs chaque fois qu'ils donnent une mauvaise réponse. L'intensité des électrochocs augmente à chaque mauvaise réponse (de 75 à 450 volts). À partir d'un certain point, les faux sujets se mettent à hurler et supplient les autres d'arrêter de leur administrer des électrochocs. Un expérimentateur vêtu d'une blouse blanche et équipé d'un bloc-notes se tient près des sujets réels. Il insiste pour que ceux-ci continuent l'expérience et administrent les électrochocs malgré les protestations des autres faux sujets et leur douleur évidente.

Bien sûr, les faux sujets ne recevaient aucun électrochoc ; ils ne faisaient que simuler. Néanmoins, 63 % des participants réels à l'expérience réelle sont allés jusqu'à 450 volts en accord avec l'expérimentateur (ou par obéissance). Un résultat plutôt choquant, non ?

Portrait

Nom : MILGRAM
Prénom : Stanley
Nationalité : américaine
Dates : 1933-1984
Spécialité : la psychologie sociale.
Connu pour : avoir détaillé et étudié les principes de soumission à l'autorité, mais aussi « le phénomène du petit monde » : l'hypothèse selon laquelle chacun est relié à n'importe quel autre individu par une courte chaîne de relations sociales.

Les processus de la pensée de groupe

Les psychologues sociaux ont découvert que l'idée du groupe comme source de cohésion et de force se vérifie jusqu'à un certain point. Lorsque nous sommes en présence des autres, nous sommes effectivement plus motivés et stimulés ; les comportements dominants sont renforcés. C'est ce qu'on appelle la *facilitation sociale*. Le psychologue américain Robert Zajonc a démontré que, lorsque nous effectuons une tâche relativement facile et habituelle, la présence des autres améliore notre performance. Cependant, lorsque la tâche est plus complexe, les autres peuvent au contraire gêner notre prestation.

Parfois le groupe entraîne au contraire une *paresse sociale* – tendance qu'ont les individus à faire moins d'efforts lorsqu'ils effectuent un travail en groupe qui ignore la responsabilité individuelle. Des études ont démontré que, lorsqu'on rassemble des individus en un groupe de six et qu'on leur demande d'applaudir aussi fort que possible, ils font moins de bruit qu'une personne seule !

Si le groupe, en impliquant une atténuation de l'identité et la dispersion de la responsabilité individuelle, réduit l'inhibition des individus, il peut amener ces derniers à commettre des actes qu'ils n'auraient pas commis s'ils avaient été seuls ou plus facilement identifiables. On parle alors de *désindividualisation*.

Les huit symptômes de la pensée de groupe

En 1971, Irvin Janis a introduit un autre effet pervers du groupe, le phénomène de la *pensée de groupe*, qui existe lorsque les groupes s'efforcent de supprimer les désaccords et les différences d'opinions pour préserver l'harmonie contre la dissidence. Janis a identifié huit symptômes de pensée de groupe :

- **L'illusion de l'invulnérabilité** : lorsque les groupes se croient intouchables, ils ont davantage tendance à réprimer la dissidence.
- **La croyance en la supériorité morale du groupe** : lorsqu'un groupe pense qu'il est moral, il ignore sa propre immoralité.
- **La rationalisation** : un groupe est plus soudé lorsqu'il justifie collectivement ses actions.
- **La transformation de l'opposant en stéréotype** : lorsqu'un opposant est considéré avec partialité ou avec des préjugés, les affirmations qui contredisent les convictions du groupe sont ignorées.
- **La pression de la conformité** : une forte pression est exercée sur les individus pour qu'ils s'alignent sur la volonté du groupe et ne soient pas en désaccord avec lui. Sinon, ils sont expulsés.
- **L'autocensure** : les membres du groupe préfèrent garder leurs opinions divergentes pour eux plutôt que de déserter le navire.

- **L'illusion de l'unanimité** : les dissensions internes sont cachées au groupe. Ainsi, elles semblent inexistantes.
- **Les gardiens de la pensée** : certains membres du groupe s'engagent activement à protéger le groupe de toute dissidence ou information contraire.

Pour éviter la pensée de groupe, il faut encourager chacun à exprimer son opinion et son point de vue, inviter des personnes extérieures au groupe à exposer des points de vue différents, et désigner des membres du groupe pour qu'ils jouent le rôle de l'avocat du diable.

Les modes de persuasion

La persuasion est une force importante dans toutes les interactions sociales. Les individus ne l'utilisent pas uniquement pour vendre des produits. Elle a un grand nombre d'applications formelles ou informelles.

Il existe deux modes de persuasion :

- **Le mode principal** : le persuadé traite activement l'information potentiellement persuasive. En 1991, Bas Verplanken, professeur de psychologie sociale, a démontré que lorsque les individus réfléchissent sérieusement à quelque chose, tout changement d'attitude ou d'opinion associé a plus de chances de perdurer.
- **Le mode périphérique** : cette communication est moins directe que le mode principal et implique l'association du message souhaité à d'autres images parfois positives, parfois négatives. Ainsi, la publicité fait appel à des mannequins hyper-musclés pour promouvoir un club de gym. Le mode de persuasion périphérique est moins direct et exige beaucoup moins de réflexion. Les « persuadeurs » comptent sur la capacité naturelle de notre esprit à associer les choses.

Le saviez-vous

Les psychologues Richard E. Petty et John T. Cacioppo conseillent de ne pas prévenir les autres que nous allons les persuader. Il faut au contraire les distraire : ainsi, ils seront dans l'incapacité de préparer une contre-argumentation.

Comme nous sommes bombardés de messages persuasifs chaque jour, il est utile de savoir comment rester attaché à ses convictions et à ses positions. En 1970, Charles A. Kiesler a découvert une bonne méthode pour résister à la persuasion : le processus d'« inoculation d'attitude ». Il s'agit d'exposer les individus à des arguments faibles ou plus faibles que leur conviction pour renforcer leur résistance aux contre-arguments. Grâce à ce processus, ils acquièrent plus d'habileté et d'assurance dans la réfutation.

L'argumentation persuasive

Quatre éléments clés sont nécessaires pour élaborer toute bonne argumentation persuasive :

- **Les caractéristiques du communicateur** : un message est plus persuasif si un individu crédible ou considéré comme tel le délivre.
  - La *compétence* est souvent une manifestation puissante de crédibilité.
  - Nous nous laissons également plus facilement persuader par quelqu'un que nous estimons digne de *confiance*.
  - Nous nous laissons aussi plus facilement persuader par les messages de personnes *charmantes*, qu'elles soient physiquement séduisantes, ou qu'elles aient une personnalité attirante.
  - La *similarité* joue également un rôle : plus les autres nous ressemblent, mieux c'est.
- **Les caractéristiques du message** : le persuadeur doit-il faire appel à nos émotions ou à notre raison et à notre esprit critique ?
  - *L'approche raisonnée* : il est démontré qu'il est préférable d'utiliser l'approche raisonnée pour persuader les personnes très cultivées ou dotées de l'esprit d'analyse. Elles aiment analyser et décortiquer les informations avant de prendre une décision.

- *L'approche émotionnelle* : elle convient pour tous ceux qui fonctionnent sur le bouche-à-oreille et la confiance réciproque.
- *La peur* : beaucoup de messages persuasifs l'utilisent pour dissuader d'avoir un comportement nuisible ou mauvais pour sa santé par exemple.
- *L'argument à double tranchant* : il consiste à reconnaître la position de l'autre et lui donne une impression d'impartialité et d'objectivité.

- **Le mode de communication du message** : pour présenter efficacement une information persuasive, il faut faire jouer au destinataire du message un rôle actif dans la discussion pour capter son attention. Ainsi, il y aura plus de chances qu'il comprenne le message, le retienne et agisse en conséquence. Plus nous mettons d'énergie à traiter un message mentalement, plus les chances augmentent qu'il reste ancré dans notre mémoire.
- **Les caractéristiques de l'audience** : en 1986, David Sears a démontré que les personnes âgées changent moins facilement d'attitudes et d'opinions que les plus jeunes. En revanche, vers l'âge de 20 ans, nous nous laissons plus aisément persuader.

Une médaille à l'effigie de Mère Teresa, un symbole hors norme d'altruisme.

L'altruisme

En psychologie sociale, le pouvoir de la situation est un facteur primordial dans la détermination du comportement de chaque individu. Pourquoi aider les autres ?

Il existe trois théories sur les raisons de notre altruisme :

- **La théorie d'échange social** : l'aide est vue comme un processus marchand.
- **La théorie de l'égoïsme** : nous aidons quelqu'un pour en retirer un bénéfice.
- **La théorie génétique** : l'altruisme est inscrit sur notre passeport génétique.

Les psychosociologues Uriel Foa et Edna Foa ont introduit la théorie d'échange social, selon laquelle l'aide apportée à un individu fait partie d'un processus réciproque : nous donnons et nous recevons des biens sociaux tels que l'amour, le soutien et les services. Ainsi, s'il est plus avantageux pour nous d'aider quelqu'un que de ne pas l'aider, il est très probable que nous l'aiderons. Cela prend tout son sens dans les situations où le fait d'aider quelqu'un peut nous mettre en danger physique ou nous causer de sérieux ennuis.

Pas très éloignés de la théorie d'échange social, des psychologues sociaux comme J. Merrill Carlsmith et Alan E. Gross ont affirmé que le comportement d'aide n'était motivé que par nos propres intérêts égoïstes : nous donnerions dans le but de recevoir.

En 1991, Daniel Batson est venu à la rescousse de notre sens de la bonté avec sa propre théorie. Selon lui, nous aidons quelqu'un parce que nous avons tous une *empathie naturelle* pour les autres, en particulier, pour ceux à qui nous tenons. Cette empathie naturelle, entretenue et soutenue, peut nous encourager à aider.

Mais si l'empathie ne s'en mêle pas, il reste toujours les normes sociales, qui nous pousseront à aider les autres : les *normes de réciprocité* (renvoyer l'ascenseur à quelqu'un qui nous a aidés, ne pas blesser quelqu'un qui ne nous aura pas fait de mal, etc.), la *norme de la responsabilité sociale* (aider ceux qui en ont besoin). Cependant, Bernard Weiner a démontré en 1980 que nous appliquons cette norme uniquement lorsque nous avons le sentiment qu'autrui ne s'est pas mis dans la situation d'avoir besoin d'aide par sa négligence ou sa faute.

Richard Dawkins, auteur du *Gène égoïste*, en 1976, a émis l'hypothèse que les gens sont altruistes parce que leurs gènes les poussent à l'être. Selon le principe de la *protection de la parenté*, les gènes favorisent le comportement altruiste envers les parents ou la famille pour garantir la survie de l'identité génétique du groupe. Ainsi, nous aurions beaucoup moins tendance à aider quelqu'un que nous ne connaissons pas.

Les réflexes innés

Revenons aux origines de la personnalité, de l'individu.

Pendant les neuf mois de développement intra-utérin, la survie du fœtus dépend presque exclusivement de la mère. Mais la dépendance ne s'arrête pas à la naissance. Bien que les systèmes biologiques élémentaires de l'enfant fonctionnent de façon autonome, leur entretien nécessite les soins attentifs de la mère ou de la personne maternante.

Heureusement, les enfants ont des aptitudes naturelles qui les aident à survivre. En fait, presque toutes les aptitudes de survie élémentaires sont présentes dès la naissance ; *élémentaires* s'appliquant globalement aux fonctions suivantes : respirer, téter, avaler et éliminer. Les bébés ont besoin de respirer pour avoir de l'oxygène. Ils doivent avaler et téter pour manger. Ils doivent éliminer pour nettoyer leur système.

Tout cela, quand tout va bien, est naturel et automatique : ce sont des réflexes.

Ces aptitudes font partie d'une liste plus large de réflexes innés, dont les enfants sont dotés à la naissance et qui les aident à survivre. En voici quelques autres :

- **Le réflexe de fouissement :** l'enfant oriente la tête par rapport au sein dans une tentative de succion.
- **Le réflexe de Moro** (tressaillement) : l'enfant étend subitement les jambes et les bras, et pleure en réponse à un bruit fort ou à un mouvement de chute soudain.
- **Le réflexe d'agrippement** : l'enfant s'agrippe aux choses – aux doigts d'un adulte, par exemple.

Parallèlement, les nourrissons ne contrôlent pas bien leurs membres ni leur tête à la naissance. Il faut du temps aux systèmes nerveux central et périphérique pour tout coordonner. Les nourrissons commencent par contrôler les mouvements de leur tête, puis ceux de leurs membres et de leur torse. Finalement, ils parviennent à maîtriser des mouvements plus subtils. Lorsque les nourrissons se transforment en enfants, leur comportement moteur devient plus élaboré. Ils peuvent courir, faire du tricycle et effectuer une série de mouvements complexes. Les « aptitudes moteurs élaborées » augmentent la dextérité et le contrôle des doigts et des mains. Elles continuent à se développer lorsque les enfants apprennent à manipuler de petits objets, comme les tasses, les crayons et les petits jouets.

Les schèmes d'action selon Piaget

Les enfants utilisent des modes mentaux de pensée pour représenter, organiser et intégrer leur expérience. C'est ce que le psychologue suisse Jean Piaget a appelé les schèmes d'action. Plutôt que de rester assis passivement devant les informations qu'ils reçoivent de l'extérieur, les enfants construisent activement une compréhension et une représentation mentale du monde.

Il existe trois schèmes élémentaires :

- **Le schème sensori-moteur** : ces modèles de pensées organisées sont générés par l'interaction directe de l'enfant avec les objets et la manipulation de ces objets dans son environnement. Par exemple, lorsqu'un enfant de 1 an jette par terre le contenu de son assiette, il n'essaie pas uniquement d'embêter papa et maman. Selon Piaget, il développe un schème d'action sensori-moteur pour comprendre la relation entre la cause et l'effet.
- **Le schème symbolique** : avec le développement de ce schème, l'enfant commence à se représenter symboliquement des relations sensori-motrices passées. Il peut penser aux objets de son monde sans pour autant interagir directement avec eux.
- **Le schème opératif** : ces activités mentales internes impliquent la manipulation de représentations symboliques d'objets.

> L'enfant est capable de penser de façon abstraite et de résoudre les problèmes sans passer par une tentative physique pour trouver la solution. Ainsi, plutôt que de se jeter sous une voiture pour voir si cela fait mal, l'enfant pourra se représenter la scène mentalement et déterminer si cela fait mal ou non.

Chacun des trois schèmes commence donc par des interactions concrètes avec le monde pour s'orienter ensuite vers un mode de pensée plus symbolique et abstrait.

La théorie du développement cognitif selon Piaget

La théorie du développement cognitif est l'étude du développement et de la maturation de la pensée. Jean Piaget a mis au point cette théorie et règne en maître sur cette discipline. Il a commencé à réfléchir au mode de pensée en regardant ses enfants grandir. Il a analysé leur comportement et a théorisé sur les pensées qui traversaient leur esprit. Piaget est considéré comme un mentaliste car, selon sa théorie, notre comportement déclaré dépend en grande partie de notre façon de penser le monde. Il a donc mis l'accent sur notre façon de penser plutôt que sur notre savoir : un dictionnaire contient un grand nombre d'informations, mais ne peut pas résoudre l'équation 2 + 2.

Piaget a défini l'intelligence comme une collection d'aptitudes mentales qui aident l'organisme à s'adapter. Selon lui, l'intelligence implique la recherche de l'*équilibre cognitif*, l'harmonie entre la pensée d'un individu et l'environnement. Nous sommes constamment confrontés à de nouvelles situations et stimuli provenant de notre environnement. Ces nouvelles expériences défient l'esprit humain, ce qui produit un déséquilibre. Penser est le processus qui rétablit l'équilibre.

Portrait

Nom : PIAGET
Prénom : Jean
Nationalité : suisse
Dates : 1896-1980
Spécialité : la psychologie du développement, l'épistémologie.
Connu pour : ses travaux sur l'intelligence, les stades et modalités de développement chez l'enfant, son influence sur la pédagogie et les méthodes d'apprentissage.

Portrait de Jean Piaget, épistémologue essentiel du XXe siècle (Michigan, 1968).

Comment développer notre pensée ?

Deux processus nous aident à développer la pensée :

- **L'organisation** : il s'agit de combiner les différents schèmes d'action que nous avons déjà développés avec de nouveaux schèmes plus complexes. C'est comme si nous modifiions constamment notre compréhension du monde autour de nous pour créer une image plus complète et donc meilleure.
- **L'adaptation** : ce processus consiste à adapter notre pensée aux exigences de notre environnement. L'adaptation est réalisée lorsqu'il y a équilibre entre assimilation et accommodation :
  - *L'assimilation* : les jeunes enfants utilisent constamment cette méthode. Par exemple, lorsqu'un enfant appelle un cheval un « toutou », l'assimilation est en cours. Il va tenter de comprendre les nouveaux objets de son environnement en faisant appel à ce qu'il connaît déjà et en l'appliquant aux nouveaux objets et situations. C'est comme s'il utilisait un moule et tentait de faire rentrer dedans tout ce qu'il rencontre. Si l'enfant ne connaît qu'un type d'animal à quatre pattes avec une queue, pour lui, un cheval sera un « toutou ».
  - *L'accommodation* : elle est, par essence, le contraire de l'assimilation. L'enfant va modifier les schèmes existants pour les adapter à la nouvelle information. Il met

continuellement en pratique (assimilation) sa compréhension du monde et accommode les nouvelles informations. Ce phénomène correspond à la *croissance cognitive*. Le processus d'adaptation permet ainsi le maintien de l'équilibre entre la pensée et l'environnement.

Le stade sensori-moteur

Le stade sensori-moteur correspond au premier stade du développement cognitif. Il s'étale sur une période allant de la naissance à environ 2 ans. Au cours de ce stade, les capacités de l'enfant à résoudre les problèmes évoluent pour dépasser les simples réflexes. Il étend son comportement réfléchi à de nouveaux objets dans son environnement. Le nourrisson peut par exemple sucer un petit jouet en plus du mamelon de sa mère ou de la tétine de son biberon. Plusieurs essais seront peut-être nécessaires avant qu'il ne s'habitue à une sucette et qu'il ne soit capable d'appliquer la succion à d'autres objets.

Le nourrisson découvre presque par hasard qu'il peut avoir une influence physique sur les objets de ce monde. Il se construit progressivement sur ces découvertes accidentelles et développe des réponses intentionnelles et coordonnées sur une échelle simple. Finalement, il s'oriente vers un type d'apprentissage par expérimentation ou tâtonnements. Il agit alors sur les objets qui l'entourent uniquement pour voir quelle influence il peut avoir sur eux.

La capacité à imiter les gens se développe également pendant le stade sensori-moteur. Un nourrisson sourit souvent lorsqu'on lui sourit. Son don d'imitateur se révèle surtout lorsqu'on babille devant lui. Il se met lui aussi à babiller. C'est aussi au cours de ce stade que se développe une aptitude appelée *permanence de l'objet*.

Si vous dérobez un objet à la vue d'un enfant qui n'a pas encore cette capacité, il l'oublie. Cependant, si l'enfant la possède déjà, il se souvient que l'objet est présent, même si celui-ci n'est pas visible. Il essaie de le chercher lorsque vous le dissimulez. Le fameux jeu du « coucou-caché » peut commencer !

Female Warrior, par Christiaan Tonnis.

Les bouleversements de l'adolescence

La puberté est sans doute l'un des événements les plus marquants du développement de l'enfant. Elle se traduit par une augmentation des hormones sexuelles (progestérone, testostérone et androgènes) et elle est accompagnée par l'apparition des caractères sexuels secondaires, tels que les poils pubiens, la maturation des organes génitaux et le développement de la poitrine chez les filles.

L'intérêt pour le sexe augmente nettement lorsque les garçons commencent à se préoccuper des filles et vice versa. Les adolescents ne prennent plus les personnes de l'autre sexe pour des idiots inintéressants !

Ces changements physiques importants ne surviennent pas seuls. On assiste également à de profondes modifications de la pensée. À l'âge de 11 ou 12 ans, les adolescents sont capables de résoudre des problèmes du genre « Que se passe-t-il si... » parce qu'ils ont atteint le sommet de leur développement cognitif. C'est la période des *opérations formelles*, où les opérations concrètes de l'enfance peuvent être combinées avec des concepts plus avancés tels que l'abstraction. L'adolescent peut raisonner à partir d'hypothèses. Il n'a plus besoin d'exemples concrets ou de démonstrations comme c'était le cas au cours des stades précédents du développement cognitif. Il est capable de réaliser de petites expériences mentales au lieu de procéder par tâtonnements pour résoudre les problèmes. Si les adolescents peuvent se poser des questions abstraites et y répondre, cela ne veut pas dire pour autant qu'ils le font de façon systématique.

L'adolescence se traduit également par la diminution de l'importance des parents. C'est une grande différence par rapport à l'enfance, où ils occupent une place centrale. Les adolescents commencent à exprimer leur indépendance et leur autonomie, et font de l'amitié leur priorité. Les fonctions sociales qui impliquent les parents sont délogées par les fonctions exclusivement adolescentes. Traîner en ville, discuter au téléphone, passer la nuit chez des copains sont des occupations fréquentes à cet âge. Les autres adolescents constituent une source majeure d'estime de soi et il est plus important pour l'adolescent d'être accepté par ses pairs que par ses parents. Les ados expérimentent l'identité et les rôles sociaux. Les aptitudes relationnelles mises en place pendant l'enfance s'affinent. Les relations amoureuses deviennent très importantes. L'adolescent ne cherche plus à être une star à la maison mais à être aimé et apprécié hors de la maison.

L'âge de la puberté

Il est difficile de déterminer avec précision quand la puberté commence. Elle peut survenir à différents moments selon les enfants. Cependant, les chercheurs ont remarqué que les enfants entrent de plus en plus tôt dans la puberté. C'est ce qu'on appelle la *tendance séculaire*, qui serait due à une meilleure nutrition infantile.

Le saviez-vous

Selon John Dacey et John Travers, psychologues du développement, l'âge moyen du début de la puberté dans les pays occidentaux recule de trois mois par décennie.

Le moment de la puberté peut avoir des répercussions sérieuses. Les garçons qui se développent plus tard que les autres peuvent être ridiculisés par les autres ou subir des revers sociaux, comme le manque de popularité et l'impossibilité d'avoir une petite amie. Les filles qui sont formées trop tôt se trouvent parfois confrontées à des situations pour lesquelles elles ne sont pas prêtes, parce que leur corps les fait paraître plus âgées qu'elles ne le sont réellement.

Et le sexe, dans tout cela ? Il existe beaucoup de différences dans les normes sexuelles selon les sociétés, mais que celles-ci imposent des limites strictes sur le comportement sexuel ou non, le désir sexuel est l'une des principales préoccupations des membres de cette classe d'âge, sur laquelle ils se renseignent généralement auprès de leurs amis ou par l'intermédiaire des médias.

Les critères de la normalité

Le terme *anormal* désigne quelque chose d'inhabituel. Mais qu'est-ce qui permet de déterminer ce qui est normal et ce qui ne l'est pas ? Comment définir un standard de normalité ?

Chaque société a ses propres *normes* en matière de comportement, qui délimitent ce qui est normal et acceptable et ce qui ne l'est pas. Les individus, les familles et même les groupes ont des normes. Lorsqu'un individu agit à l'encontre de ces normes, la société qualifie soit le comportement, soit l'individu lui-même d'anormal.

Quatre critères permettent de distinguer un comportement normal d'un comportement anormal :

- **Le critère normatif** : les individus qui font le contraire de ce que font les autres ou qui ne font pas ce que l'on attend d'eux agissent anormalement. Nous sommes supposés vivre en conformité avec les normes sociales. Si ce n'est pas le cas, nous avons tendance à trouver cela louche. Parfois, nous utilisons les statistiques pour déterminer ce qui est hors norme : si neuf personnes sur dix agissent de la même façon, le comportement de la personne qui ne se conforme pas est statistiquement anormal.
- **Le critère subjectif** : parfois, nous avons l'impression que nos sentiments sont différents de ceux de la plupart des gens ou que

nous n'agissons pas de la même façon que les autres. Dans ce sens très limité, nous sommes anormaux.

- **Le critère d'inadaptation** : notre comportement nous aide-t-il à survivre et à réussir dans notre société ? Si ce n'est pas le cas, il est, selon ce critère, anormal. Si nous éprouvons des difficultés à faire face aux exigences de la vie, notre comportement est en effet inadapté.
- **Le critère injustifiable ou inexplicable** : certains individus agissent d'une façon qui semble inexplicable. Comme nous partons du principe que chaque comportement a un motif, si nous ne parvenons pas à trouver d'explication raisonnable, nous qualifions le comportement d'anormal.

Quelle que soit la définition utilisée, il est difficile d'affirmer que rien n'est anormal. Certaines personnes pensent que nos vies ne forment qu'un grand chaos, mais en réalité, toute société a besoin d'ordre, qu'il s'agisse d'une famille, d'une tribu ou d'une nation, et impose donc des normes.

Le concept de maladie mentale

Un comportement anormal est un comportement inadapté et s'accompagne de processus mentaux nuisibles au bien-être physique et psychologique. Mais un individu qui agit anormalement ne souffre pas obligatoirement d'une maladie mentale ou d'un trouble psychologique. De nombreuses raisons peuvent conduire une personne à agir anormalement.

Le concept de maladie mentale vient à l'origine de la psychiatrie, cette branche de la médecine qui s'intéresse aux troubles mentaux. À partir du XIXe siècle, les personnes qui agissaient anormalement étaient prises en charge par des médecins. Ces « fous » étaient alors perçus comme des malades et le comportement anormal était considéré comme un problème médical, une maladie à diagnostiquer et à soigner comme toutes les autres maladies. C'est ce qu'on appelle le « modèle médical de la maladie mentale ».

Après les médecins généralistes, ce sont les psychologues qui ont participé, assez tardivement, aux recherches concernant les maladies mentales définies par la psychiatrie. Alors que les médecins tentaient de trouver un moyen purement médical d'aider les personnes atteintes d'une maladie mentale, les psychologues ont apporté leurs connaissances du comportement et des processus mentaux humains pour faciliter la recherche, le diagnostic et le traitement des comportements anormaux liés à une maladie mentale.

La nosographie et ses mots-clés

Pendant des années, les psychiatres et les psychologues ont essayé de déterminer quels étaient les comportements anormaux causés par une maladie mentale. Ce processus s'appelle la *nosographie*, la science des classifications des maladies. Aujourd'hui, le système de classification des troubles mentaux le plus couramment utilisé est le *Manuel diagnostique et statistique des troubles mentaux*, 4e édition (*Diagnostic and Statistical Manual*, ou DSM-IV), publié par l'Association américaine de psychiatrie en 1984.

Voici la définition des troubles mentaux selon le DSM-IV : « Syndrome psychologique ou comportemental significatif sur le plan clinique qui survient chez un individu et qui est associé à une véritable douleur (par exemple, symptôme douloureux), à une incapacité (par exemple, détérioration d'une ou plusieurs zones importantes de fonctionnement) ou au risque accru de connaître la douleur, l'inaptitude, une perte importante de liberté ou la mort. »

Deux mots-clés nécessitent un examen plus approfondi :

- **Symptôme** : comportement ou processus mental constituant un signe ou un signal de trouble potentiel. Les symptômes apparaissent généralement dans les catégories suivantes : les processus de pensée ; l'humeur ou l'affect (état émotionnel de l'individu, tel que la déprime, la colère, la crainte) et le système végétatif (relatif à la nourriture, au sommeil et à l'énergie) ; les comportements (comme la violence, le jeu compulsif, la consommation de drogues) ; les signes physiques (comme les douleurs musculaires ou articulatoires, les maux de tête et la sudation excessive).

- **Trouble** : ensemble de symptômes qui indiquent la présence d'un syndrome (association de plusieurs symptômes). En mettant au point la nosographie des troubles psychologiques, les psychiatres et les psychologues ont tenté d'isoler les groupes de symptômes qui ont tendance à se manifester ensemble. Ils ont ainsi pu distinguer chaque association de symptômes des autres.

À retenir

Un symptôme n'équivaut pas à un trouble.

La schizophrénie

La schizophrénie est la forme la plus courante de psychose. Le psychiatre Eugen Bleuler a utilisé le terme de schizophrène pour désigner les personnes présentant une désorganisation des processus de pensée, un manque de cohérence entre la pensée et les émotions et un état de déconnexion par rapport à la réalité.

Aujourd'hui, les critères du DSM-IV comprennent :

- **Les délires** : un délire est une croyance qui reste fermement ancrée dans l'esprit du malade malgré l'évidence du contraire. Le *délire paranoïaque* ou *délire de persécution* est très fréquent. Il s'agit d'une peur intense d'être poursuivi, écouté ou menacé par quelqu'un ou quelque chose. Autre forme fréquente de délire : la *folie des grandeurs*, qui se caractérise par le désir excessif de gloire, de pouvoir, d'argent, de connaissance, d'identité.
- **Les hallucinations** : selon le DSM-IV, l'hallucination correspond à une perception ressentie comme réelle, mais qui survient sans aucun stimulus extérieur de l'organe sensoriel correspondant. Il existe plusieurs types d'hallucinations : celles de l'ouïe (entendre des voix, des sons), de la vue (voir des démons ou des morts), de l'olfaction (odeurs), du goût, ou encore les hallucinations cénesthésiques (qui concernent une grande partie du corps). La plupart du temps, elles sont auditives. L'individu entend une ou plusieurs voix commentant son comportement ou lui intimant de « faire » quelque chose.

- **L'incohérence du discours et des pensées** : elle se caractérise par une façon de s'exprimer hors de propos, circonstanciée (tourner autour du pot) ou sans continuité (sauter du coq à l'âne). Ces styles de communication anormaux peuvent traduire un *trouble de la pensée*. On parle de « salade de mots » lorsque le discours d'une personne est tellement incohérent qu'on dirait un autre langage. C'est une forme extrême de trouble de la pensée.
- **Les symptômes négatifs** : ce concept fait référence à l'absence d'un comportement habituel ou attendu. C'est l'absence de ce comportement qui est anormale. Trois symptômes négatifs accompagnent généralement la schizophrénie : l'affect abrasé (l'individu ne montre aucune émotion) ; l'alogie (les processus de pensée de l'individu sont obtus, bloqués ou appauvris) ; la perte de volonté (l'individu est incapable de se concentrer sur une activité).

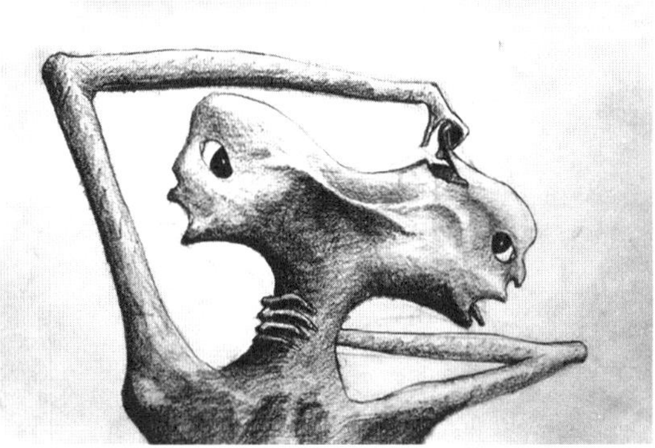

La schizophrénie représentée par une patiente (anonyme).

Contexte et causes de la schizophrénie

La schizophrénie frappe environ une personne sur dix mille. En général, elle est diagnostiquée chez des individus âgés de 18 à 35 ans, parfois chez l'enfant, mais c'est rare. Elle se manifeste le plus souvent vers l'âge de 20 ans et se développe pleinement entre 25 et 30 ans. Elle peut progresser rapidement ou petit à petit avec des périodes de répit ou de façon continue. Les périodes de crise se caractérisent par une incapacité à gérer la vie quotidienne, qui peut conduire à l'échec scolaire, à la perte d'emploi et aux difficultés relationnelles. Les individus atteints de schizophrénie parviennent très difficilement à s'intégrer dans la société et finissent souvent en prison, à l'hôpital, dans des institutions spécialisées, ou bien ils échouent dans la rue à cause de leur maladie.

Pendant longtemps, le débat a porté sur le problème de l'inné et de l'acquis. Les causes de la schizophrénie sont-elles organiques (biochimiques/physiologiques) ou fonctionnelles (résultant de l'expérience) ? À l'heure actuelle, la théorie dominante constitue bel et bien une synthèse des deux champs de recherche. Il s'agit du « modèle diathèse-stress ».

La *diathèse* est une prédisposition pour une maladie particulière. Le *stress* peut être défini comme un ensemble de facteurs psychologiques et sociaux. Cette théorie part du principe que la schizophrénie est la conséquence d'une diathèse ou d'une prédisposition activée par le stress. L'une des diathèses biologiques proposées pour la schizophrénie correspond à un problème de neurotransmission chimique. D'autres chercheurs ont découvert des parties malformées du cerveau. Ces anomalies biologiques peuvent conduire à des problèmes de pensée, de discours, de comportement et de contact avec la réalité.

Les facteurs psychologiques sont liés à l'altération de la réalité qui accompagne la schizophrénie. Pourquoi les schizophrènes s'éloignent-ils de la réalité ? Selon la plupart des chercheurs, c'est parce qu'ils perçoivent le monde comme un environnement si hostile qu'ils ont besoin de faire une pause. Les recherches ont montré que les traumatismes psychiques tels que les mauvais traitements pendant l'enfance peuvent conduire à des troubles psychotiques dans la mesure où ils sont un facteur de stress accablant. Mais ce n'est pas systématique.

Les dernières recherches concernant la schizophrénie ont mis en évidence un facteur social qui pourrait jouer un rôle important. Il s'agit de l'*émotion exprimée*, qui fait référence à la communication négative des membres de la famille vis-à-vis de la personne atteinte de schizophrénie. C'est souvent une forme de critique excessive.

Le traitement de la schizophrénie

La schizophrénie est l'un des troubles mentaux les plus difficiles à traiter. Ces effets sont souvent débilitants aussi bien pour l'individu atteint de la maladie que pour sa famille. Il existe de nombreuses approches : de l'utilisation de médicaments à l'aide apportée à l'individu pour qu'il développe des capacités fonctionnelles telles que la gestion de l'argent ou les aptitudes sociales.

- **Les antipsychotiques** comme l'Haldol et le Zyprexa sont les principaux médicaments utilisés dans le traitement de la schizophrénie ou des troubles psychotiques voisins. Bien que très efficaces, ce ne sont que des palliatifs. Autrement dit, ils ne soignent pas la maladie. Ils atténuent seulement l'intensité des symptômes.
- **Le traitement psychosocial et la réhabilitation** ont également donné quelques résultats. On apprend aux patients à se prendre en charge et à se comporter dans la société de manière à réduire le nombre de facteurs de stress auxquels ils sont confrontés.
- **La psychothérapie**, en particulier la thérapie cognitive, a été utilisée pour apprendre aux patients à remettre en question leur système de croyances délirant et à renouer avec la réalité.

La plupart des recherches récentes montrent que l'association d'un traitement à base de médicaments et d'une thérapie orale permet d'obtenir les meilleurs résultats.

Grâce aux médicaments, à la psychothérapie et au soutien de la famille et des amis, les personnes atteintes de schizophrénie peuvent travailler et mener une vie presque normale. Cependant, leurs symptômes sont parfois si graves qu'elles sont dans l'incapacité de contrôler leurs émotions et leurs comportements – d'où leur difficulté à garder un travail ou à entretenir une relation suivie. De plus, elles sont réputées pour leur mauvaise observance médicamenteuse, sans doute liée au peu d'estime et à la mauvaise image qu'elles ont d'elles-mêmes ou à leur attitude ambivalente.

La clinique psychiatrique du Burghölzli vers 1890.

Les autres psychoses

Il existe deux autres formes de psychoses : les délires systématisés chroniques et les troubles psychotiques liés à la consommation de substances nocives.

- **Les délires systématisés chroniques** : ces délires ne sont pas toujours étranges ni hors de propos. Un mari peut être obsédé par l'idée que sa femme a un amant sans jamais pouvoir le prouver, mais cette conviction peut se transformer en délire si elle dure plus d'un mois. Une personne peut également croire que l'eau de sa maison est empoisonnée bien que, de toute évidence, elle ne le soit pas. Dans le cas de délires systématisés chroniques, l'individu ne présente aucun autre signe de psychose, contrairement aux schizophrènes.
- **Les troubles psychotiques liés à la consommation de substances nocives** : il s'agit d'hallucinations ou de délires qui surviennent lorsque la personne est sous l'influence d'une substance ou lorsque les effets de cette dernière cessent. Les personnes sous LSD ou PCB présentent souvent des symptômes psychotiques. Il n'est pas rare que les individus ayant consommé de la cocaïne ou des amphétamines semblent atteints de troubles psychotiques lorsqu'ils redescendent.

Le Désespéré, Gustave Courbet (1843-1845).

La dépression

La *tristesse* est une émotion humaine normale que nous ressentons tous lorsque nous perdons quelque chose : notre travail, notre partenaire, notre enfant ou les clés de notre voiture. La *dépression* est une forme extrême de tristesse qui comprend également d'autres symptômes.

Lorsque quelqu'un est déprimé au point d'être pris en charge médicalement, il présente au moins la majorité des symptômes de l'*état dépressif majeur* :

- Humeur dépressive quasiment tous les jours et toute la journée.
- « Anhédonie » (désintérêt marqué pour n'importe quel type d'activité).
- Perte ou prise de poids significative avec perte ou augmentation de l'appétit.
- Insomnies ou sommeil excessif.
- Sensations physiques d'agitation ou de léthargie.
- Fatigue ou manque d'énergie.
- Dévalorisation de soi ou culpabilité excessive.
- Difficulté à se concentrer.
- Pensées récurrentes de mort et de suicide.

Parfois, la dépression peut devenir si grave que la personne qui en souffre risque d'envisager le suicide. Il y a beaucoup de mythes concernant le suicide. On dit par exemple que les personnes qui en parlent ne passent pas à l'acte. C'est faux ! Au contraire, elles envoient là un signal évident. Toute allusion au suicide doit être prise très au sérieux.

L'état dépressif majeur peut survenir une seule fois ou réapparaître constamment. Il peut durer des mois, des années ou même toute une vie. La plupart des personnes atteintes de troubles récurrents traversent des périodes sans symptômes ou avec atténuation des symptômes. La dépression touche tous les âges, toutes les nationalités, tous les sexes sans aucune discrimination.

Les causes de la dépression

Les causes de la dépression peuvent être classées en deux catégories :

- **Les causes biologiques** : selon les théories biologiques de la dépression, les affections cérébrales ou le dysfonctionnement des amines cérébrales peuvent être à l'origine de la dépression.
- **Les causes psychologiques** : les théories psychologiques insistent surtout sur l'expérience de la perte.

L'hypothèse des *amines biogènes* est l'explication théorique la plus répandue en ce qui concerne les facteurs biologiques de la dépression. Selon elle, la dépression provient du dérèglement de deux *neurotransmetteurs* du cerveau : la noradrénaline et la sérotonine. Les neurotransmetteurs sont des substances chimiques situées dans le cerveau qui permettent à un neurone de communiquer avec un autre par la synapse (intervalle entre les neurones). Le cerveau contient une grande variété de neurotransmetteurs. Chaque type de neurotransmetteur se concentre dans une région spécifique du cerveau. Les parties du cerveau les plus touchées par la dépression sont celles qui gèrent l'humeur, la cognition, le sommeil, le sexe et l'appétit.

Les théories psychologiques de la dépression

Les théories psychologiques de la dépression se sont multipliées et suivent différents courants de la psychologie. Parmi elles, on trouve :

- **La théorie de la relation à l'objet** : selon Melanie Klein, la dépression est due à l'échec du processus de développement chez l'enfant, qui peut se traduire par des difficultés à gérer les sentiments de culpabilité, de honte et d'estime de soi.
- **La théorie de l'attachement** : la théorie de John Bowlby considère la dépression sous un autre angle. Les relations d'un individu avec les autres dépendent des liens d'attachement qu'il a eus étant enfant avec la personne maternante. Si cette relation d'attachement est perturbée et si un lien sain n'est pas établi (pour diverses raisons : des parents toxicomanes ou une famille peu aimante, par exemple), l'enfant devient vulnérable et sujet à la dépression en cas de perte et de difficultés relationnelles. Les enfants qui n'ont pas connu une relation d'attachement solide se trouvent souvent désarmés. L'impuissance est un signe distinctif de la dépression.
- **L'impuissance acquise** : elle désigne la façon dont on peut ne pas se relever de ses échecs. La plupart d'entre nous ont connu des échecs dans leur vie ou se sont trouvés dans l'incapacité de

réaliser ce qu'ils avaient désiré. En général, nous continuons à essayer. Cependant, certains individus, en raison de circonstances défavorables ou d'une tendance générale à estimer que leurs efforts sont vains, risquent de déprimer face à ce qu'ils considèrent comme un obstacle insurmontable.

- **Le modèle cognitif de la dépression,** sur lequel il convient de s'attarder plus longuement et qui est l'objet de la notion suivante.

Le modèle cognitif de la dépression

Le modèle cognitif de la dépression est une théorie d'Aaron Beck qui a eu une influence importante. Selon ce psychiatre américain né en 1921, la dépression est un trouble de la pensée qui se traduit par l'apparition d'une humeur dépressive et d'autres symptômes apparentés. Il peut y avoir plusieurs distorsions cognitives :

- **Les pensées automatiques** : il s'agit de pensées spontanées dévalorisantes.
- **Les suppositions et schèmes erronés** : les suppositions et les schèmes que nous considérons comme vrais et justes (par exemple, ce que nous croyons être dans notre relation avec les autres), ainsi que notre vision du monde, de nous-mêmes et du futur sont fortement influencés par la façon dont nous évoluons dans le monde.

Beck parle d'une « triade cognitive ». Chaque point du triangle contient une série de convictions qui traduisent une évaluation négative de nous-mêmes, une vision sans espoir de l'avenir et une vision du monde tout aussi dure. La théorie cognitive insiste également sur le caractère cyclique de la pensée dépressive.

Exemple

Un individu a l'intime conviction d'être un bon à rien. Cette conviction ne va pas le stimuler et sa motivation s'en ressentira. En raison de ce manque de motivation, il ne fait rien et il se prouve ainsi à lui-même qu'il est un incapable. Cette distorsion de la pensée peut conduire à la dépression.

Le traitement contre la dépression

Il existe plusieurs traitements efficaces contre la dépression : les traitements à base de médicaments comme le Prozac et le Paxil, mais aussi la psychothérapie, en particulier la thérapie cognitive-comportementale.

Les recherches montrent également que l'activité – physique ou autre – peut être un bon antidote à la dépression. Certaines études s'appuyant sur les témoignages de patients ont prouvé que l'exercice physique régulier atténue les symptômes aussi efficacement que les médicaments.

En pratique, on fait à la fois appel aux médicaments et à la psychothérapie.

Les troubles maniaco-dépressifs

Il s'agit des *formes bipolaires de dépression mélancolique*. Ces troubles se caractérisent par de graves variations d'humeur avec alternance d'accès de type dépressif et d'accès de type maniaque.

La *manie* se traduit par l'euphorie et l'exaltation de l'humeur. Cette phase peut durer environ une semaine et se manifeste par les symptômes suivants :

- Estime de soi gonflée à bloc et folie des grandeurs (se présenter à l'heure du dîner avec une solution au problème de la faim dans le monde et aux conflits armés sur la planète).
- Résistance à la fatigue, diminution du besoin de sommeil (se sentir reposé après trois ou quatre heures de sommeil par nuit seulement).
- Besoin insistant de parler.
- Pensée accélérée.
- Périodes d'attention extrêmement courtes.
- Hyperactivité (s'engager dans de nombreux projets ou tondre la pelouse à 2 heures du matin).
- Pratique excessive d'activités agréables qui peuvent avoir des conséquences néfastes (dépenser le crédit de sa maison aux jeux, par exemple).

Les formes bipolaires de dépression mélancolique impliquent l'alternance d'accès de type maniaque et d'accès de type dépressif et donc de graves variations d'humeur. Ces troubles sont souvent récidivants et peuvent avoir un effet dévastateur : les personnes en phase maniaque peuvent s'endetter, rompre des relations, ou bien commettre des actes illégaux… C'est comme si les personnes atteintes de ces troubles se trouvaient sur des montagnes russes (passant de la tristesse à la joie).

Ces variations d'humeur se produisent sur de longues périodes avec plusieurs phases (dépressives, maniaques ou mixtes) qui peuvent durer d'une semaine à plusieurs années. Certaines personnes présentent les symptômes d'une « forme circulaire », où les phases se succèdent sans interruption pendant un an. Dans ce cas, les chances de guérison sont moins grandes en raison de l'effet perturbateur de ces phases. Les malades n'ont pas le temps de reprendre leur vie en main entre chaque épisode.

Les causes et les traitements des troubles maniaco-dépressifs

Pour la plupart des chercheurs, les causes des formes bipolaires de dépression mélancolique, et en particulier de la manie, sont biologiques. D'après les recherches, des *anomalies neurochimiques* dans les zones spécifiques du cerveau où siègent les neurotransmetteurs – la dopamine et la sérotonine – seraient à l'origine de ces troubles. Jusqu'à présent, il n'y a pas d'autre explication convaincante.

Cependant, bien avant que ne soient effectuées ces études biologiques, les psychanalystes avaient proposé leur explication : plutôt que de se laisser envahir par la dépression, le sujet fait volte-face et transforme son état de tristesse extrême en joie tout aussi extrême. C'est comme si nous riions en apprenant la mort de quelqu'un que nous aimons. C'est une *forme grave de déni*. Lorsqu'un sujet maniaque suit une psychothérapie basée sur la psychanalyse, cet aspect est largement pris en compte.

Le *stress* peut également intensifier les symptômes de chaque phase des troubles bipolaires. Il n'est pas à l'origine de ces symptômes mais peut accélérer leur apparition ou les aggraver.

Actuellement, les traitements à base de *médicaments* sont le plus souvent utilisés. Visant à stabiliser l'humeur du patient, ils ont également une action préventive. Les « stabilisateurs de l'humeur » les plus connus sont le Lithium et le Depakote.

La *psychothérapie* permet d'aider les patients à gérer les conséquences négatives de leur comportement maniaque et à accepter la gravité de leur maladie. Depuis quelques années, on fait de plus en plus appel aux *thérapies comportementales et cognitives* pour apprendre aux malades à gérer eux-mêmes leur comportement et à reconnaître les symptômes d'une rechute.

Les troubles de l'anxiété

L'anxiété peut être définie comme un sentiment généralisé de peur et d'appréhension, et c'est probablement l'un des troubles mentaux les plus répandus.

C'est une forme aiguë d'inquiétude, qui peut être si intense et si gênante pour le sujet qu'elle atteint le niveau d'un trouble mental grave.

Voici les troubles anxieux les plus communs :

- **L'anxiété généralisée** : inquiétude excessive et persistante à tout propos.
- **Le stress post-traumatique** : nouvelle expérimentation d'événements traumatisants et dangereux. Le sujet présente des symptômes d'excitation et évite les endroits et les êtres liés à son traumatisme.
- **Les troubles obsessionnels compulsifs** : obsessions (pensées récurrentes) et comportement compulsif (répéter sans cesse un geste, comme se laver les mains).

Lorsqu'un individu est extrêmement effrayé par une chose ou une situation particulière, même s'il sait qu'il n'y a pas de danger réel, on parle de *phobie*. Il existe des centaines de types de phobies. En voici quelques-unes :

- La phobie sociale : la peur des gens.
- L'agoraphobie : la peur de se retrouver à l'extérieur ou dans des endroits très fréquentés.
- L'acrophobie : la peur des lieux élevés.
- La claustrophobie : la peur des lieux clos.
- La nyctophobie : la peur du noir.
- La mysophobie : la peur de la contamination.
- La zoophobie : la peur des animaux ou d'un animal spécifique.

La crise d'angoisse

Selon le *Manuel diagnostique et statistique des troubles mentaux*, 4e édition (DSM-IV), la crise d'angoisse est une période de malaise ou de peur intense, au cours de laquelle au moins quatre (ou plus) des symptômes suivants se développent brusquement et atteignent des sommets en dix minutes :

- Palpitations, battements de cœur frénétiques ou accélération du rythme cardiaque.
- Suées, tremblements, frissons.
- Souffle court, état de choc ou douleur dans la poitrine.
- Nausées, vertiges, étourdissements.
- Sensation d'irréalité ou de détachement de son corps.
- Peur de perdre le contrôle, de devenir fou ou de mourir.
- Engourdissements, fourmillements, frissons ou bouffées de chaleur.

Une personne qui a des crises d'angoisse récurrentes souffre peut-être de troubles paniques, en particulier si elle vit dans la crainte d'en avoir d'autres, si elle a des peurs injustifiées concernant les implications de ces crises, ou si elle a sensiblement modifié son comportement à la suite de ces crises. La crainte que ces dernières puissent annoncer une maladie très grave, comme les maladies cardiovasculaires ou la folie, voire la mort, est caractéristique de ces troubles paniques.

Ces symptômes sont très graves, car ils peuvent entraîner un stress excessif. La peur de la mort peut être stressante au point de devenir un facteur favorisant son avènement.

Le Cri, Edvard Munch (1893).

Les causes et les traitements des troubles paniques

Il existe au moins deux très bonnes théories concernant ces troubles paniques : l'*approche biopsychosociale* de David Barlow et le *modèle cognitif*.

Selon le psychiatre américain David H. Barlow, les crises d'angoisse proviennent d'une réponse de peur suractive dans le cerveau sous pression. Certains individus ont une vulnérabilité physiologique qui se traduit par une suractivité du système nerveux. Cette vulnérabilité biologique va de pair avec une vulnérabilité psychologique causée par une interprétation exagérée des sensations corporelles et la vision d'un monde perçu comme fondamentalement dangereux.

Le modèle cognitif ressemble beaucoup au modèle de Barlow, mais il insiste encore plus sur les croyances du sujet. Cette théorie part du principe que les crises d'angoisse sont le résultat de la mauvaise attribution d'une sensation corporelle normale, qui entraîne une intensification de la peur, laquelle exacerbe à son tour les sensations, qui favorisent encore plus les mauvaises attributions. C'est un cercle vicieux. Le sujet interprète quelque chose qu'il ressent comme dangereux, ce qui l'inquiète et intensifie à la fois la sensation et la peur de cette sensation.

Les troubles paniques peuvent être traités à l'aide de médicaments et de différentes formes de psychothérapie. Les *antidépresseurs* dits tricycliques permettent de réduire l'apparition de ces peurs paniques. Les benzodiazépines, une catégorie de médicaments relaxants, ont également été utilisés avec succès.

Les *thérapies comportementales* ont aussi porté leurs fruits. Cela peut paraître cruel, mais ces thérapies commencent par enseigner aux patients des techniques de relaxation avant de les exposer progressivement à des situations qui, à l'origine, déclenchaient la panique chez eux. On leur apprend ensuite à endurer ces crises d'angoisse jusqu'à ce qu'elles disparaissent. La *thérapie cognitive* permet également aux patients de modifier leur mode de pensée afin de réduire leur tendance à mal interpréter leurs sensations corporelles et à les exagérer.

La psychologie légale

Le comportement criminel ne pouvait qu'intéresser les médecins et les experts qui se penchent sur la personnalité et la psychologie humaine. Une branche entière de la psychologie est même consacrée à la recherche sur les crimes et les criminels : la psychologie légale, qui est l'application des connaissances psychologiques au domaine de la loi et des questions légales.

Les psychologues sont tout à fait compétents pour apporter des réponses aux questions concernant la complexité du crime ou le comportement criminel. Ils sont formés à comprendre et même à modifier le comportement et les processus mentaux humains.

Le crime peut être considéré comme une *maladie sociale*. La plupart du temps, cette maladie est prise en charge par notre système judiciaire, la police, les procureurs de la République, les juges, les avocats de la défense et les prisons. Le Code pénal est une sorte de Manuel diagnostique et statistique applicable aux troubles sociaux.

Les psychologues experts apportent leurs connaissances et leur savoir-faire. La liste de leurs attributions peut être assez longue. En voici quelques-unes :

- Déterminer la dangerosité ou la dépendance à la drogue (décider de la pertinence d'une cure de désintoxication mandatée par le tribunal).

- Assister aux évaluations du procès.
- Évaluer l'aliénation mentale.
- Sélectionner le jury et préparer les témoins.
- Dresser le profil du criminel et jouer un rôle de consultant auprès des autorités légales.

Pour certaines de ces tâches, le psychologue doit se présenter devant le tribunal comme témoin expert. Dans d'autres cas, c'est le procureur de la République ou l'avocat de la défense qui engage le psychologue. Pour acquérir le statut d'expert, le psychologue doit être reconnu comme tel par le tribunal (c'est-à-dire un juge).

En général, les psychologues experts ont suivi une formation et appris à utiliser des techniques et des outils spécialisés pour travailler dans ce domaine.

Le comportement criminel

Comment expliquer le comportement criminel ? Plusieurs causes ont été avancées. Selon certains, la criminalité serait le produit d'une corruption inhérente à la nature de la personne. Pour d'autres, la criminalité serait plutôt le résultat d'influences puissantes au sein d'un groupe ou d'une société.

Le crime est un concept juridique qui définit un manquement à la loi et appelle donc des poursuites et une condamnation pouvant entraîner une sanction. Les *lois sur la criminalité* définissent les délits mais aussi la façon dont les délinquants doivent être traités. Il est intéressant de constater que toutes les sociétés ou les individus qui forment cette société n'ont pas le même point de vue sur la façon de traiter les criminels.

Les *philosophies pénales* étudient pourquoi et comment les criminels doivent être punis. Il existe trois positions fondamentales :

- **La sanction** : la justice est rendue par la société et non par l'individu ou, en l'occurrence, la victime. La sanction est institutionnalisée sous forme de police, de tribunaux et de prisons.
- **L'utilitarisme** : l'accent est mis sur la prévention. L'*utile* correspond à un ensemble de valeurs et à un idéal selon lequel la majorité de la population doit être la plus satisfaite possible. Les criminels perturbent ce processus. Il faut modifier leur comportement pour que celui-ci soit adapté à cette philosophie.

- **Le retour à une vie normale** : il s'agit d'obtenir la réhabilitation et le changement de comportement. On part du principe que les crimes sont le résultat d'une déficience et d'une mauvaise adaptation personnelle.

La théorie de l'association différentielle

L'étude du comportement criminel a donné naissance à différentes théories sociologiques de la criminalité. Celle de l'association différentielle est l'une des plus importantes.

La sociologie considère les problèmes humains du point de vue du groupe et du niveau social, alors que la psychologie se concentre plutôt sur l'individu. Selon la théorie de l'association différentielle, le comportement criminel est un comportement acquis, qui s'apprend par l'intermédiaire d'interactions sociales dans un groupe de pairs. Les criminels sont les premiers à dire qu'ils ont appris en regardant les autres commettre des crimes. Certains détracteurs des prisons avancent même que la prison est la meilleure école pour apprendre à commettre des crimes encore plus graves.

Le comportement criminel est un comportement acquis pour satisfaire des besoins qui ne peuvent pas l'être par des moyens légaux. Certains, quand ils ne peuvent pas subvenir aux besoins de leur famille, vendent de la drogue ou dévalisent un magasin.

Les techniques criminelles, les motifs, les pulsions, la rationalisation et les attitudes sont autant de composantes du crime. Les types de crimes qu'un groupe va soutenir dépendront de sa vision de la loi en général mais aussi de sa vision des lois spécifiques. Par exemple, certains sous-groupes approuveront la vente de drogue, mais ils ne toléreront pas les vols à main armée.

Criminalité et théorie du contrôle

En 1986, Travis Hirschi a mis au point une théorie qui insiste sur le contrôle des pulsions et des désirs criminels pour la compréhension des actes criminels. Elle attribue un rôle prédominant au *contrôle de soi*. Les actes criminels sont souvent impulsifs : si un individu ne peut plus attendre pour assouvir un désir, il risque de sortir et de chercher à obtenir ce dont il a besoin par n'importe quel moyen.

Le lien entre un individu et la société constitue une force de dissuasion importante vis-à-vis de l'acte criminel. Si ce lien est trop lâche ou trop étroit, la délinquance ou la criminalité sont susceptibles de se développer. Le lien entre un individu et la société dépend de plusieurs facteurs :

- L'individu a plus ou moins intériorisé les normes d'une société sous la forme d'une conscience (par exemple, les limites de vitesse).
- Il se soucie plus ou moins de ce que pensent les autres.
- Il poursuit plus ou moins des objectifs normaux et conventionnels dans la vie.

Portrait

Nom : HIRSCHI
Prénom : Travis
Nationalité : américaine
Dates : 1935-2017
Spécialité : la psychologie criminelle.
Connu pour : la théorie du contrôle social, la théorie du contrôle de soi.

Le rôle du conditionnement et de l'apprentissage

La théorie du conditionnement opérant est l'une des plus importantes en psychologie : l'apparition d'un comportement est suivie d'une conséquence, telle qu'une récompense ou une punition. Nous apprenons que lorsque nous faisons A, nous recevons B en conséquence. En 1965, C. Rain Jeffery a essayé d'expliquer le comportement criminel en se demandant ce que les criminels retiraient de leurs crimes : argent, approbation des pairs...

La théorie de l'apprentissage social a aussi été utilisée pour expliquer la criminalité. Albert Bandura et Richard Walter, en 1963, puis encore Bandura, en 1986, ont mis l'accent sur la force de dissuasion que représente la peur d'être puni socialement pour un crime. Cette théorie a des similitudes avec la théorie du contrôle, mais elle insiste davantage sur le rôle de l'apprentissage par l'observation des sanctions sociales (culpabilité et isolement notamment) infligées aux criminels pour leur comportement social.

Cette théorie peut paraître un peu réductrice, pourtant elle est soutenue par la recherche. D'autres chercheurs ont prouvé que lorsque les adolescents ont peur d'être punis par la société, ils sont moins susceptibles de commettre des actes criminels.

Théories psychanalytiques de la criminalité

Ces théories viennent de l'école de pensée du déterminisme psychique. Notre comportement est la conséquence directe de ce qui se passe dans notre esprit ou notre psyché.

Freud considérait les êtres humains comme des individus fondamentalement égoïstes toujours en état de conflit social. Nous sommes tous nés avec des besoins qui, selon nous, doivent être satisfaits quand et où nous le voulons. Nous finissons par apprendre à contenir nos désirs et à les orienter vers des moyens de satisfaction plus acceptables et développons une conscience sous la forme du surmoi, qui nous aide à inscrire notre comportement dans des normes morales acceptables.

Pour Freud et d'autres psychanalystes, le comportement criminel est le résultat d'une déficience du surmoi et peut-être de la mauvaise résolution de ce que Freud appelait les conflits du développement : l'indépendance contre la dépendance, l'agressivité contre le contrôle, la sensualité contre son déni. Le comportement criminel devient un moyen d'obtenir l'assouvissement de ses désirs et de développer un sentiment de puissance face à un surmoi trop exigeant.

D'autres théoriciens psychanalystes voient plutôt la criminalité comme la conséquence d'un surmoi faible. Dans ce cas, le surmoi n'exerce pas assez de pression à travers notre conscience pour supprimer nos désirs rebelles et égoïstes, ce qui peut nous conduire à vouloir assouvir ceux-ci coûte que coûte. Ce contrôle insuffisant sur nos pulsions s'explique par des « ratés » au cours de notre développement infantile. Cette théorie rejoint la conviction répandue selon laquelle le comportement délinquant ou criminel provient d'une éducation trop laxiste et de l'incapacité des parents à inculquer des valeurs morales à leurs enfants.

Pour finir, il y a aussi la théorie du « Tel père, tel fils » qui affirme que le comportement criminel est la conséquence de l'identification de l'enfant à un modèle criminel. L'enfant voudra imiter ce modèle en grandissant, en l'absence de culpabilité.

Mahatma Gandhi filant le coton en 1946.

La théorie de Lawrence Kohlberg

Les théories du développement tentent d'expliquer le comportement ou les processus mentaux en analysant comment ils se sont développés en l'espace d'une vie. Lawrence Kohlberg a mis au point une théorie sur le développement moral. Pour beaucoup, le comportement criminel et l'immoralité ne font qu'un. Pourtant, le système moral d'une personne n'est parfois pas en accord avec la loi : Martin Luther King et beaucoup d'autres avant lui ont appelé à la désobéissance civile, donc à une violation de la loi pour soutenir une cause plus juste. La criminalité et l'immoralité ne coïncident donc pas toujours !

La théorie de Kohlberg concerne la pensée ou le raisonnement moral. D'après elle, ceux qui commettent des crimes sont moralement sous-développés. Plus le système moral de la personne est élaboré, moins elle est susceptible de commettre des actes criminels.

Les étapes du développement moral selon Kohlberg sont les suivantes :

- **Niveau 1 – Préconventionnel** : la morale ou les règles sont perçues comme extérieures à soi-même.
  - *Stade 1 : sanction/récompense.* L'individu adopte un comportement moral par peur de la sanction. Il s'incline devant l'autorité et n'agit bien que pour éviter la sanction.

    - *Stade 2 : objectif et échange instrumental.* L'individu s'incline devant l'autorité ou rend service uniquement si cela peut servir son objectif immédiat. Il souhaite obtenir ce qu'il veut tant que personne ne risque d'en pâtir.
- **Niveau 2 – Conventionnel** : le comportement moral est conforme aux normes sociales et à l'attente des autres.
    - *Stade 3 : bonne concordance interpersonnelle.* L'individu se conforme parce que les autres attendent cela de lui.
    - *Stade 4 : accord social ou maintien de l'ordre social.* L'individu agit bien parce que c'est le mieux pour la société.
- **Niveau 3 – Postconventionnel** : une distinction s'établit entre la moralité sociale et les principes absolus ou universels.
    - *Stade 5 : contrat social.* L'individu agit bien, car il a un contrat tacite avec la société. Le principe est donc de ne pas rompre ce contrat.
    - *Stade 6 : justice et principes éthiques universels.* La moralité est définie par la réalisation individuelle de principes universels définissant ce qui est bien ou mal. Ce que la société considère comme juste ne l'est pas forcément. Tant que les règles de la société sont en accord avec ces principes universels, l'individu agit dans son sens. Sinon, il se comporte selon les principes universels qui, selon lui, doivent s'appliquer.

Les recherches suggèrent que les jeunes criminels ou délinquants en sont restés au niveau préconventionnel du raisonnement moral. Le stade 6 est réservé à des personnalités telles que Martin Luther King ou Gandhi.

Portrait

Nom : KOHLBERG
Prénom : Lawrence
Nationalité : américaine
Dates : 1927-1987
Spécialité : psychologue classé parmi les 30 psychologues les plus importants du XXe siècle.
Connu pour : son *échelle du développement moral* élaborée à partir de la théorie des paliers d'acquisition de Jean Piaget.

La théorie de l'inné par Hans Eysenck

Peut-être commettons-nous des actes criminels parce que c'est inscrit en nous. Selon le psychologue britannique Hans Eysenck (1916-1997), la criminalité vient d'une disposition innée à commettre des actes criminels, une disposition étant une inclination ou une tendance à faire quelque chose. La théorie d'Eysenck est plutôt complexe. Selon lui, les facteurs environnementaux (tels que la pauvreté, les modèles criminels ou les mauvais traitements pendant l'enfance) ne peuvent pas expliquer à eux seuls un comportement criminel, car toutes les personnes nées dans un environnement défavorable ne commettent pas obligatoirement des actes criminels.

Il met en avant d'autres facteurs :

- **Les contributions proximales** : il s'agit des aspects biologiques de la personnalité tels que le métabolisme, les hormones et l'activité du système nerveux. Selon Eysenck, les individus présentant des anomalies dans ces domaines peuvent être prédisposés à la criminalité. Ceux qui ne sont pas suffisamment stimulés ou qui s'ennuient facilement rechercheraient aussi les émotions fortes et auraient tendance à commettre des actes criminels pour en éprouver.

- **Les contributions distales** : il s'agit des déterminants génétiques de notre personnalité contenus dans notre ADN. La présence d'un gène dominant ou de gènes multiples pourrait expliquer la transmission d'un comportement criminel des parents aux enfants puisqu'ils ont des traits de caractère communs.

Eysenck identifie également trois caractéristiques de la personnalité qui peuvent conduire à commettre des actes criminels :

- **Le psychotisme** : les individus psychotiques ont tendance à être plus antisociaux, moins ouverts aux autres, plus créatifs et plus durs. Tous ces traits sont compatibles avec de nombreux comportements criminels.
- **L'extraversion** : les individus insouciants, dominants, assurés et aventureux possèdent des traits qui se retrouvent dans les comportements criminels.
- **Le névrosisme** : les individus irrationnels, timides, lunatiques et émotionnels peuvent avoir une inclination pour le comportement criminel.

Eysenck ne va pas jusqu'à dire que ces aspects de la personnalité conduisent nécessairement au crime, mais il affirme qu'ils peuvent favoriser un comportement criminel.

Le gène du crime

De nombreuses recherches biologiques et neuropsychologiques ont été effectuées sur la criminalité. Ainsi, beaucoup de scientifiques ont essayé de trouver l'origine du comportement criminel dans les gènes ou le cerveau des individus qui commettent de tels actes. Malheureusement, les résultats de ces recherches sont difficiles à interpréter et peu concluants.

Dans sa théorie de la personnalité sur la criminalité, Hans Eysenck fait référence aux gènes et à d'autres fonctions biologiques. Selon lui, notre personnalité est déterminée génétiquement et il semble prouvé que les gènes jouent un rôle déterminant dans le comportement criminel. Pour le montrer, les chercheurs ont fait appel à la « méthode des jumeaux adoptés ». Le principe est d'observer de vrais jumeaux (monozygotes) qui n'ont pas été élevés ensemble. S'ils agissent de la même façon, leur comportement est certainement lié aux gènes, car dans la mesure où ils ont été élevés séparément, il est fort peu probable qu'ils subissent exactement les mêmes influences de leur environnement.

De nombreuses études ont en effet révélé des comportements criminels communs chez les jumeaux élevés ensemble, mais l'une d'entre elles affirme que 71 % des jumeaux monozygotes élevés séparément ont des taux de condamnation pour crimes comparables. Pour les faux jumeaux ou jumeaux dizygotes, le taux n'atteint que 12 %.

La plupart des autres études présentent des taux similaires. Elles mettent toutes en évidence un taux plus élevé chez les vrais jumeaux que chez les faux. Il y a cependant un problème : ces jumeaux ont été élevés dans le même environnement ou presque.

Les études sur les jumeaux adoptés sont moins concluantes. On a montré que 15 % des jumeaux monozygotes, dont la mère était incarcérée et qui ont été adoptés et élevés séparément, ont un casier judiciaire similaire, contre 3 % chez les jumeaux dizygotes. Bref, la propension à commettre des crimes en général semble avoir un lien avec nos gènes même si les résultats ne sont pas tout à fait concluants. Il est difficile de généraliser à partir de pourcentages aussi peu élevés. Heureusement, il y a les autres théories. Sans quoi, nous ne saurions pas grand-chose.

Les anomalies neuropsychologiques en faveur du crime

Existe-t-il une zone criminelle dans notre cerveau ? S'il y en a une, personne ne l'a encore trouvée et les recherches sur les anomalies neuropsychologiques chez les individus qui commettent des actes criminels ne sont pas concluantes.

La théorie de Terry Moffitt sur les dysfonctionnements neuropsychologiques chez les criminels est sans doute la plus connue. D'après cette théorie, les dysfonctionnements neuropsychologiques rendent l'individu incapable de choisir des chemins ou des comportements alternatifs à la criminalité. Selon Moffitt, de nombreux adolescents finissent par renoncer à leurs activités criminelles et ceux qui ne le font pas souffrent de ces dysfonctionnements. Ces individus auraient du mal à se concentrer, à raisonner dans l'abstrait. Ils auraient également des problèmes de flexibilité cognitive, de planification stratégique, d'utilisation du *feed-back* environnemental et d'inhibition.

Jusqu'à présent, la théorie de Moffitt n'est pas vraiment soutenue par la recherche. Elle reste à l'état de théorie et la recherche sur le cerveau du criminel continue.

Portrait

Nom : MOFFITT
Prénom : Terry
Nationalité : américaine
Dates : 1927-1987
Spécialité : psychologue de la délinquance et de la criminalité.
Connu pour : sa taxonomie des stades de développement criminel.

Les psychopathes

Il existe de nombreuses définitions du psychopathe. En réalité, les psychopathes sont des personnes atteintes de troubles cliniques qui n'en font pas nécessairement des criminels, mais notre imaginaire du criminel en est bien nourri. La plupart des psychopathes commettent cependant des actes criminels et, quand ils le font, ils ont un comportement beaucoup plus grave que n'importe quel autre criminel.

Robert Hare, psychologue canadien, a dressé une liste exhaustive des traits du psychopathe :

- Bagou et charme superficiel.
- Insensibilité et manque total d'empathie.
- Haute idée de sa valeur.
- Parasitisme (vit au crochet des autres).
- Besoin de stimulation, tendance à l'ennui.
- Utilisation pathologique du mensonge.
- Comportement sexuel immoral.
- Tendance à l'escroquerie et à la manipulation.
- Problèmes de comportement précoces (crises de colère et désobéissance).
- Absence de remords ou de sentiment de culpabilité.
- Incapacité à accepter la responsabilité personnelle.
- Affect superficiel (aucun sentiment profond pour qui ou quoi que ce soit).

- Incapacité à se réinsérer (retour en prison, suppression de la liberté conditionnelle).
- Manque de réalisme, absence d'objectifs à long terme.
- Mariages éphémères et nombreux.
- Impulsivité.
- Délinquance juvénile.
- Irresponsabilité.
- Grande variété de talents criminels (dons pour différents types de crimes).

La liste est longue ! Certains de ces traits de caractère semblent plus abominables que d'autres et requièrent un peu plus d'attention.

Les psychopathes se caractérisent par leur bonne présentation et leur charme. Ils ne manquent presque jamais d'assurance et sont rarement embarrassés. Ils se comportent avec le plus grand calme dans toutes les situations sociales, car ce que les autres pensent d'eux leur est absolument égal. Ils ont une haute opinion d'eux-mêmes et considèrent les autres comme des êtres inférieurs et des proies faciles. Ils mentent, dupent, manipulent pour obtenir ce qu'ils veulent, le tout avec la plus grande froideur.

Ne connaissant ni le remords ni le sentiment de culpabilité, les psychopathes sont parfois si froids qu'ils sont extrêmement durs et n'ont aucune empathie pour la souffrance des autres. Ils peuvent être accusés d'une foule de crimes et les avouer eux-mêmes. Ils sont doués pour tous les actes criminels : de la fraude au meurtre en passant par l'enlèvement, l'incendie criminel, la contrefaçon, l'évasion fiscale...

Meurtres et tueurs en série

Guy Georges, Émile Louis, Francis Heaulme… Là encore, la liste est longue. Les tueurs en série incarnent sans doute l'image du crime la plus grave et la plus morbide. Ils commettent d'horribles actes de violence et se comportent d'une façon étrange et perverse avec leurs victimes. Leurs actes évoquent le diable.

Richard von Krafft-Ebing est considéré par beaucoup d'experts comme le premier à avoir apporté une contribution substantielle à l'analyse des tueurs en série avec un ouvrage intitulé *Psychopathia Sexualis* (*Psychopathologie sexuelle*), publié en 1886.

Le saviez-vous

Les *meurtres en série* sont considérés par les professionnels comme une sous-catégorie des homicides sexuels. Il s'agit d'homicides motivés sexuellement. Selon la recherche, l'excitation sexuelle du criminel est liée à la douleur de la victime et à son humiliation. Les tueurs en série se distinguent des *tueurs de masse*, qui tuent plusieurs personnes au même endroit en une fois et des *spree killers*, « tueurs à la chaîne », qui commettent plusieurs meurtres dans des lieux différents mais dans un laps de temps relativement court.

Portrait

Nom : KRAFFT-EBING (von)
Prénom : Richard
Nationalité : austro-hongroise
Dates : 1840-1902

Spécialité : la médecine et la psychiatrie criminelle.
Connu pour : ses études sur les perversions sexuelles, son intérêt pour les facteurs héréditaires des maladies mentales.

L'Horloger de Montreuil, tueur en série de la fin du XIXe siècle.

L'homicide sexuel selon Krafft-Ebing

Richard von Krafft-Ebing a identifié les trois principales caractéristiques de l'homicide sexuel, sur lesquelles les experts se basent encore aujourd'hui :

- **Le sadisme** : l'excitation sexuelle liée à la souffrance physique ou à l'humiliation de la victime est essentielle dans la psychologie du tueur en série. Celui-ci a un besoin absolu de contrôler l'autre, de l'abaisser, pour en retirer une profonde excitation sexuelle.
- **Le fantasme** : le fantasme, se définissant comme un groupe de symboles organisés pour constituer une histoire, est un phénomène mental. Celui des pervers sexuels est de tuer et de torturer leurs victimes. Leur comportement rituel pour les scènes de crime est considéré comme une conséquence de leur vie fantasmatique, un moyen de donner vie à leurs fantasmes. Les tueurs en série commencent à fantasmer très tôt, et plus ils vieillissent, plus leurs fantasmes se compliquent et s'intensifient.
- **La compulsion à tuer** : beaucoup de personnes ont des pulsions sexuelles étranges et même des fantasmes destructeurs. Il est démontré que même les hommes normaux ont des fantasmes sexuels comprenant des images violentes et agressives, y compris des scènes de viol. Ainsi, il ne suffit pas d'être sadique et

d'avoir une vie fantasmatique violente pour devenir un tueur en série. Selon Eugene Revitch et Louis B. Schlesinger, c'est un besoin compulsif qui va pousser l'individu à vivre ses fantasmes.

Le saviez-vous

Une *compulsion* est un désir brûlant et irrésistible qui pousse l'individu à faire ce dont il a besoin. Lorsqu'il le fait enfin, une sensation de soulagement intense, presque orgasmique, l'envahit. Pour Revitch et Schlesinger, les choses se passent dans l'ordre suivant : sadisme → fantasme → état de tension → compulsion → action.

Ainsi, l'acte meurtrier est ressenti comme un soulagement et comme une source de plaisir. Il renforce la première séquence des événements et rend une répétition de l'acte probable.

Le profilage psychologique

Le profilage psychologique consiste à appréhender les auteurs d'actes criminels à partir des informations dont on dispose sur leur personnalité et leur état mental. C'est ce que Robert Keppel (criminologue américain) et Richard Walter (profileur et psychologue légiste) ont appelé l'« évaluation de la scène du crime ». Il s'agit de vérifier certaines informations importantes sur l'auteur du crime, telles que ses caractéristiques comportementales, physiques et démographiques.

Selon Keppel, deux critères fondamentaux permettent de dresser le profil d'un criminel, sa signature et son mode opératoire :

- Une **signature** est une composante du crime propre à un meurtrier, qui peut être retrouvée dans diverses scènes de crime. C'est un élément de mise en scène du crime spécifique à son auteur. Il peut s'agir de la façon dont une corde est liée autour des mains de la victime ou de la manière dont la victime a été torturée.
- Le **mode opératoire** (MO) fait référence aux méthodes spécifiques du meurtrier telles que l'arme du crime, les moyens utilisés, l'heure des faits, etc. Le mode opératoire peut changer mais pas la signature.

Park Dietz, le profileur

Park Dietz est un psychiatre très célèbre qui considère le profilage psychologique comme un processus systématique de résolution de problèmes comportant cinq étapes fondamentales :

1. Le profileur rassemble des données telles que les photos de la scène du crime, les rapports d'autopsie, les dépositions des témoins et les rapports des laboratoires.
2. Il tente de reconstituer l'enchaînement des événements avant, pendant et après le meurtre.
3. Il tente de reconstituer le vécu mental et émotionnel du meurtrier pendant la scène et ce qui a pu conduire celui-ci à agir de telle ou telle façon. Il s'agit d'une analyse des motivations du meurtrier.
4. Il utilise les informations qu'il a rassemblées pour développer un *profil* criminel. Il s'agit d'une tentative de faire entrer le meurtrier dans une catégorie (sadique sexuel ou tueur amateur de sensations).
5. Il essaie d'utiliser les informations précédentes pour déterminer quel type de personne peut agir de la sorte : homme, femme, petit, grand. Il essaie même de trouver quel type d'emploi l'individu peut occuper ou quel genre d'activités il peut avoir.

À partir de ces informations, le profileur va dresser un profil et le remettre aux autorités légales. À elles de décider ensuite si elles en feront usage.

Portrait

Nom : DIETZ
Prénom : Park
Nationalité : américaine
Dates : né en 1948
Spécialité : la psychiatrie criminelle, la criminologie.
Connu pour : avoir témoigné aux plus grands procès criminels aux États-Unis, notamment ceux de Ted Kaczynski, Andrea Yates, ou Jeffrey Dahmer.

Jeffrey Dahmer, alias le cannibale de Milwaukee,
qui a défrayé la chronique judiciaire dans les années 1980.

L'aliénation mentale

Parfois, lorsqu'une personne commet un crime, son avocat va déclarer qu'elle était en état de démence au moment des faits. Nous connaissons cette stratégie de défense pour l'avoir vue dans des films. Le *plaidoyer d'aliénation mentale* est un concept juridique stipulant que l'accusé n'est pas responsable légalement de ses crimes en raison de son état de démence au moment des faits. C'est un concept juridique, et non un concept clinique ou même logique. Beaucoup de personnes qualifient de déments les actes horribles d'un meurtrier ou pensent que seul un dément peut faire une chose pareille. Mais le concept juridique est différent des notions cliniques ou de sens commun.

Voici la définition juridique de l'état d'aliénation mentale dans le Code pénal : « N'est pas pénalement responsable la personne qui était atteinte au moment des faits d'un trouble psychique ou neuropsychique ayant aboli son discernement ou le contrôle de ses actes. » Il s'agit donc de déterminer si l'individu, au moment des faits, était conscient de la gravité de ses actes ou non et si son manque de discernement était lié à une maladie mentale ou non.

C'est ensuite aux experts de déterminer si la personne souffrait d'un trouble psychique au moment des faits. Un psychologue ou un psychiatre expert évalue le prévenu et détermine s'il répond aux critères de l'état d'aliénation mentale tels qu'ils sont définis en droit pénal. En général, chaque partie (l'accusation et la défense) a son expert et ils sont rarement d'accord entre eux ! Au final, c'est le juge ou le jury qui donne raison à l'un ou à l'autre des experts.

Il s'agit de répondre à trois questions fondamentales :

- A-t-on décelé un trouble mental ?
- Quel est l'état mental du prévenu actuellement ?
- Quel était son état mental au moment des faits ?

La réponse à ces questions en entraîne d'autres encore plus complexes, si bien que les psychologues sont souvent obligés d'utiliser des tests pour répondre.

Pour se prémunir de la simulation d'une maladie mentale par l'accusé, l'expert peut utiliser des techniques d'interrogatoire spécifiques et des tests psychologiques poussés. On estime cependant qu'un pourcentage non négligeable de patients envoyés par les tribunaux dans les hôpitaux psychiatriques sont en fait des simulateurs.

Le premier entretien avec un psy

Lorsqu'un patient commence une thérapie, il a souvent beaucoup de choses à dire et il lâche tout ce qu'il a sur le cœur. Il est confus et éprouve des difficultés à décrire son expérience. Même si ce n'est pas toujours aussi bien programmé, les psychologues essaient de structurer le premier entretien selon les étapes suivantes :

1. Éclaircissement du problème.

2. Recueil d'informations sur l'histoire du patient.

S'agit-il d'une autobiographie ? D'une certaine façon, oui, mais seuls quelques aspects de la vie du patient sont pris en compte. L'aspect primordial de l'entretien psychologique est l'historique du problème. Comment est-ce que tout a commencé ?

3. Exploration de la santé physique du patient.

Il est également important d'évaluer la santé physique et le passé médical du patient. Beaucoup de problèmes psychiatriques ou psychologiques peuvent provenir d'une maladie ou d'un état physique. Quand le patient a-t-il effectué son dernier bilan de santé ? A-t-il des problèmes de santé importants ? Prend-il des médicaments ? A-t-il consommé beaucoup d'alcool ou de drogues ? Son état mental nécessite-t-il un examen médical ou un traitement ?

4. Historique complet des problèmes psychologiques.

Le patient a-t-il souffert de dépression par le passé ? A-t-il déjà été traité pour un trouble mental ? Certains membres de sa famille sont-ils atteints d'une maladie mentale ? A-t-il déjà fait un séjour dans un hôpital psychiatrique ou a-t-il fait une tentative de suicide ? Certaines informations sont extrêmement importantes, car la sécurité du patient peut parfois en dépendre. Un professionnel prudent prend toujours le temps d'évaluer les aspects les plus graves d'un cas et, pour un psychologue, il n'y a pas de problème plus grave que le suicide.

L'hôpital de Whittingham en Angleterre, asile psychiatrique qui a regroupé jusqu'à 3 000 patients.

L’examen d’un état mental

Tout au long des premiers entretiens, le psychologue va observer les indicateurs comportementaux, cognitifs et émotionnels de troubles psychologiques.

C’est ce qu’on appelle l’examen de l’*état mental*. En général, le psychologue observe onze aspects :

- **L’apparence** : les soins apportés à l’apparence, l’hygiène, le poids, les caractéristiques physiques et traits inhabituels.
- **Le comportement** : les mouvements du corps (gestes rapides, lents ou inhabituels, nervosité, prostration, etc.) ; les expressions du visage (expressions de tristesse, de folie, expressions figées, par exemple).
- **Le discours** : des dysfonctionnements dans le discours peuvent être causés par la schizophrénie et les formes bipolaires de dépression mélancolique.
- **L’humeur et l’affect** : l’humeur correspond aux émotions prédominantes exprimées par le patient. L’affect fait référence à la nature, à l’intensité et à la pertinence du comportement émotionnel et se manifeste également par les variations d’humeur.
- **Le contenu des pensées** : les pensées du patient sont également pertinentes pour tout examen clinique, dans la mesure où elles peuvent révéler délires, préoccupations obsessionnelles ou idées gênantes.

- **Le processus de pensée** : certaines façons de penser traduisent parfois un trouble (la pensée digressive, les associations de sons…).
- **La perception** : les hallucinations correspondent à des problèmes de perception. Elles peuvent concerner l'ouïe, la vue, l'odorat, le goût, ainsi que le corps (sensations corporelles étranges, par exemple).
- **Le fonctionnement intellectuel** : son observation se fonde sur le vocabulaire du patient, l'état de ses connaissances et sa capacité à penser dans l'abstraction. Mais cette observation ne suffit pas. Comme elle est, en outre, très subjective, elle ne doit être qu'un point de départ à d'autres évaluations.
- **L'attention (concentration) et la mémoire** : il s'agit d'examiner si le patient est distrait, a des difficultés à se concentrer, de tester la mémoire à court terme et à long terme.
- **L'orientation** : les repères du patient dans l'espace et le temps.
- **La perspicacité et le discernement** : le patient comprend-il qu'il est peut-être atteint d'une maladie mentale ? Fait-il le lien entre son comportement, ses processus mentaux et un trouble psychologique ?

Il est important de répondre à ces questions pour évaluer la motivation du patient et prévoir d'éventuels problèmes d'observance du traitement dans le futur.

Les tests psychologiques

Actuellement, de nombreuses disciplines s'intéressent au traitement des maladies mentales. Le test psychologique relève cependant uniquement du domaine de la psychologie. Certains professionnels tels que les conseillers d'orientation et les spécialistes des troubles de l'apprentissage procèdent également à des tests, mais ceux-ci sont limités à un problème spécifique.

Les psychologues sont parfaitement formés aux tests psychologiques et sont considérés comme des experts en la matière. Le test psychologique fait partie du processus d'évaluation psychologique. L'évaluation correspond à l'ensemble des procédures scientifiques utilisées pour mesurer le comportement et les processus mentaux d'un individu.

Anne Anastasi, psychologue américaine du XXe siècle, définit le test psychologique comme un échantillon standard et objectif de comportements ou de processus mentaux. Les tests sont ainsi utilisés pour formaliser les données fondées sur l'observation.

Presque tous les domaines de la psychologie peuvent être mesurés à l'aide d'un test. Les tests peuvent se présenter sous forme de questionnaires à remplir, de dessins à réaliser, d'exercices et d'activités (puzzles) à effectuer, d'entretiens et d'observations.

De la même façon qu'une analyse de sang permet de mesurer le nombre de globules rouges, le test permet d'évaluer certains aspects spécifiques de la personnalité d'un individu.

Les tests peuvent aider à comprendre l'agencement de nos puzzles intérieurs.

Les critères d'un test psychologique objectif

Un test est objectif s'il remplit des critères importants dans les trois domaines suivants : la normalisation, la fiabilité et la validité.

- **La normalisation.** Selon Anne Anastasi, un test est normalisé correctement dès lors qu'il existe une procédure uniforme pour l'administrer et l'interpréter. Le contrôle des variables superflues permet un maximum de précision. Si le psychologue n'effectue jamais le test de la même façon, il ne pourra pas se fier aux résultats. Il n'aura pas respecté le principe du contrôle scientifique. Il faut ensuite établir une *norme* pour le test, c'est-à-dire une mesure de la performance moyenne réalisée par un grand nombre de sujets pour un test donné. Par exemple, le score moyen pour « l'échelle d'intelligence Wechsler Bellevue » revue et corrigée est de 100. Ce score moyen définit une norme à partir de laquelle il est possible de comparer les individus.
- **La fiabilité.** Un test non fiable n'est pas un bon test. La *fiabilité*, c'est la cohérence. Si le psychologue donne le même test à la même personne à plusieurs reprises, va-t-elle obtenir un score identique ou comparable ? Si c'est le cas, cela signifie que le test est fiable.

- **La validité.** Si le test est normalisé et adressé aux personnes concernées par la normalisation, alors il sera valide. Les tests utilisés sur des individus qui n'appartiennent pas au groupe à partir duquel ils ont été normalisés ne sont pas valides. Pour établir la validité d'un test, il suffit de le comparer avec une mesure extérieure du thème psychologique en question. Si le test prétend mesurer la dépression, le psychologue qui l'utilise doit comparer les résultats de son test avec une mesure déjà établie de la dépression telle que l'« inventaire des états dépressifs de Beck ».

N'oubliez pas que de nombreux tests psychologiques, sinon la majorité, mesurent des éléments qui ne sont pas observables. C'est pourquoi il est primordial d'avoir une base scientifique pour élaborer ces tests. Le test psychologique ne se résume pas à poser quelques questions et à faire le compte des réponses du patient. C'est un procédé scientifique. En raison de sa complexité, beaucoup de professionnels souhaiteraient que son utilisation soit contrôlée. Le risque d'une simplification exagérée ou d'une mauvaise interprétation est trop élevé.

Les tests cliniques

Les psychologues cliniciens utilisent les tests cliniques pour clarifier les diagnostics et mesurer l'étendue et la nature des troubles et des dysfonctionnements d'une personne ou d'une famille.

Des tests spécifiques ont été élaborés pour évaluer dans quelle mesure un patient présente les symptômes d'un trouble particulier. C'est ce que nous pouvons appeler les *tests de diagnostic*. L'un des exemples les plus connus est sans doute l'« inventaire des états dépressifs de Beck », conçu pour estimer la gravité de l'état dépressif chez un patient.

Les *tests du comportement et de l'adaptabilité* sont deux types de tests cliniques mis au point pour évaluer comment une personne gère sa vie quotidienne et si elle présente des problèmes de comportement spécifiques.

La *liste de contrôle du comportement de l'enfant* (CBCL) est sans doute l'un des instruments les plus utilisés sur les enfants. Elle permet de mesurer leurs problèmes comportementaux. Autre test clinique souvent utilisé : l'« échelle d'évaluation des parents de Conner », conçue pour déterminer la présence de symptômes relatifs au trouble d'hyperactivité avec déficit d'attention (TDAH).

Outre les tests et les inventaires liés à des troubles particuliers, il existe une grande variété de tests qui peuvent faciliter le diagnostic. Par exemple, les tests d'intelligence servent à mesurer l'intelligence mais peuvent aussi mettre en évidence des troubles cognitifs ou d'apprentissage. Les tests de la personnalité sont conçus pour déterminer la personnalité d'un individu mais fournissent également de nombreuses informations sur les types de problèmes psychologiques qu'un individu peut avoir.

Les tests d'aptitude scolaire

Ces tests permettent d'évaluer les aptitudes scolaires d'un enfant. Pour Glen Aylward, pédiatre et psychiatre anglais, ils poursuivent trois grands objectifs :

- Identifier les élèves qui ont besoin d'instructions supplémentaires.
- Identifier la nature des difficultés d'un élève afin d'éviter les troubles d'apprentissage.
- Assister l'élève en matière d'organisation et d'instruction.

En général, un test d'aptitude scolaire permet d'évaluer les capacités de l'élève dans les domaines les plus courants de l'activité scolaire : la lecture, les mathématiques, l'orthographe, l'écriture. Certains tests couvrent d'autres domaines tels que la science et les études sociales. La « batterie psychoéducative Woodcock-Johnson », dans une version revue et corrigée, est l'une des plus utilisées à l'heure actuelle. Ce test comprend neuf sous-tests qui portent sur les domaines mentionnés précédemment. Ces domaines sont à leur tour divisés en sous-domaines (pour les mathématiques, par exemple, il y a une partie « Calcul » et une partie « Résolution de problèmes »).

Les tests d'aptitude scolaire sont très souvent utilisés dans les écoles. Lorsqu'un enfant ou même un adolescent a des difficultés scolaires, on lui fait fréquemment passer un test pour évaluer ses capacités élémentaires. Parfois, l'élève a des problèmes parce qu'il est atteint d'un trouble d'apprentissage. Dans d'autres cas, il a de mauvais résultats à l'école à cause de difficultés extérieures telles que des troubles émotionnels, une consommation abusive de stupéfiants ou des problèmes familiaux. Un test d'aptitude permet parfois d'identifier ses difficultés.

Les tests de la personnalité

Les tests de la personnalité ne se limitent pas, malgré leur nom, à déterminer la personnalité d'un individu. Certains sont conçus pour évaluer les émotions, les motivations et les compétences interpersonnelles, ainsi que des aspects spécifiques de la personnalité. La plupart de ces tests se présentent sous la forme de questionnaires à remplir par le patient, qui répond lui-même aux questions et fournit lui-même les informations.

Les tests de la personnalité s'appuient souvent sur une théorie de la personnalité. Ils peuvent, par exemple, évaluer les problèmes liés au ça, au moi ou au surmoi. Le test le plus couramment utilisé est sans doute le MMPI-2 (*Minnesota Multiphasic Personality Inventory*, 2e version). La plupart des psychologues sont formés pour l'utiliser, car il est très fiable. Il leur fournit de nombreuses informations sur la présence d'une psychopathologie et sur sa gravité, le cas échéant. Il permet aussi d'en savoir plus sur le fonctionnement émotionnel, comportemental et social de la personne testée. Le MMPI-2 fournit de très bonnes informations dans une grande variété de domaines : dépression, douleurs physiques, colère, contact social, anxiété et niveau d'énergie, pour n'en nommer que quelques-uns.

Les *tests projectifs* forment une catégorie à part. C'est d'ailleurs souvent à cette forme de tests que les gens pensent lorsqu'ils parlent de tests psychologiques. Ces tests sont uniques parce qu'ils s'appuient sur l'« hypothèse projective ». Lorsqu'un individu est confronté à des stimuli ambigus, il va se projeter et donc révéler des aspects de lui-même et de son fonctionnement psychologique qu'il n'aurait certainement pas montrés s'il avait été interrogé de façon plus directe, car cela met en évidence ce que dissimulent les mécanismes de défense.

Le *test de Rorschach* est le test projectif le plus connu et sans doute le test psychologique le plus populaire de tous les temps. Il se compose de dix planches montrant chacune une tache d'encre. Aucune de ces taches ne représente la moindre image. La signification et la structure de ces planches sont uniquement fournies par les projections de la personne qui effectue le test.

Portrait de Hermann Rorschach (1910).

Les tests d'intelligence

Les tests d'intelligence sont certainement les plus répandus. Ils évaluent une grande variété de capacités intellectuelles et cognitives et fournissent un critère d'évaluation de l'intelligence, qu'on appelle le *quotient intellectuel* (QI). Ces tests sont utilisés dans de nombreux contextes et applications. Ils facilitent les diagnostics, en particulier dans le cas de troubles cognitifs, et sont souvent employés dans les établissements scolaires. Ils existent depuis les débuts de la psychologie en tant que science officielle. L'« échelle d'intelligence de Wechsler Bellevue » (WBIS), 3e édition, et la version destinée aux enfants, le WISC (*Wechsler Intelligence Scale for Children*), font désormais partie des tests d'intelligence les plus couramment utilisés.

Chacun de ces tests est constitué de plusieurs sous-tests permettant de mesurer des aspects spécifiques de l'intelligence. Une note est attribuée à chaque sous-test.

Les sous-tests évaluent :

- L'attention.
- Les connaissances générales.
- L'organisation visuelle.
- La compréhension.

La somme de toutes les notes obtenues aboutit au quotient intellectuel général.

David Wechsler a travaillé pour l'armée à Ellis Island (New York) où arrivent les candidats à l'émigration américaine (1902).

Les tests neuropsychologiques

Les tests de fonctionnement neuropsychologique et d'aptitudes cognitives ne sont pas nouveaux mais sont de plus en plus répandus. Ils sont utilisés sur les personnes atteintes d'une lésion cérébrale et viennent compléter les examens neurologiques et les techniques de scanographie du cerveau telles que le scanner X ou l'IRM.

La scanographie permet de mettre en évidence les lésions cérébrales, mais les tests neuropsychologiques fournissent des mesures plus précises des détériorations fonctionnelles dont un individu peut souffrir. Le scanner dira : « Il y a une lésion. » Le test psychologique précisera : « Voici les problèmes cognitifs liés à cette lésion... »

Les tests neuropsychologiques sont utilisés dans les hôpitaux, les cliniques, les cabinets de psychologues et tout autre endroit où les psychologues travaillent avec des patients susceptibles d'être atteints de détériorations neuropsychologiques. Les personnes souffrant d'un traumatisme crânien ou de toute autre blessure à la tête doivent parfois passer un examen neuropsychologique complet.

La « batterie neuropsychologique Halstead-Reitan », ensemble de tests neuropsychologiques, est très courante. Elle se compose de nombreux tests évaluant la mémoire, l'attention et la concentration, le langage, les capacités motrices, les aptitudes auditives et la programmation. La batterie comprend également les tests MMPI-2 et WBIS-III. Elle n'est jamais effectuée en une seule séance, car elle demande plusieurs heures. L'évaluation neuropsychologique peut donc durer plusieurs semaines et, par conséquent, devenir onéreuse. Cependant, si elle est conduite par un professionnel compétent, elle peut fournir un grand nombre d'informations très utiles.

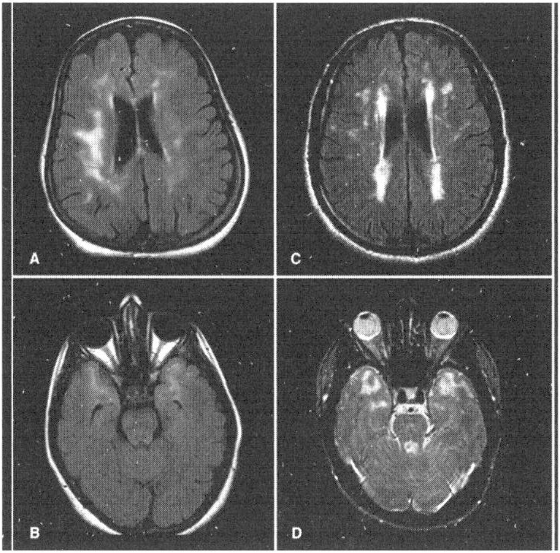

L'imagerie mentale a ouvert des pans d'étude inédits de la psychologie humaine.

La psychanalyse

La psychanalyse est une forme de psychothérapie pratiquée depuis 80 ans. Il existe différentes variantes, mais la forme élémentaire, la « psychanalyse classique », a été introduite par Freud puis développée par d'autres tels que Jacques Lacan, Otto Fenichel, Anna Freud, Melanie Klein, Heinz Kohut et Otto Kernberg, pour n'en nommer que quelques-uns. La psychothérapie se concentre sur les problèmes psychologiques tels que les difficultés émotionnelles, comportementales et cognitives. La psychanalyse n'est pas différente, mais elle propose une vision unique des problèmes et une méthode spécifique pour les résoudre. Ainsi, un psychanalyste considère la dépression comme la manifestation d'un conflit intérieur, alors qu'un thérapeute cognitif y verra un processus de pensée défectueux.

Les personnes qui recherchent l'aide d'un thérapeute se plaignent d'un certain nombre de problèmes tels que :

- Des symptômes physiques sans explication médicale.
- Un comportement, des pensées, des sentiments inhabituels.
- Des difficultés au travail ou des problèmes relationnels.
- Un manque de motivation et d'enthousiasme dans la vie.

La recherche et la découverte des problèmes sous-jacents distinguent la psychanalyse des autres psychothérapies. Elle ne se contente pas de ce qui saute aux yeux et le psychanalyste ne prend jamais un symptôme pour argent comptant. Il part du principe qu'une cause psychologique explique les agissements du patient.

Les objectifs de la psychanalyse

La psychanalyse a différents objectifs :

- Favoriser le développement et la maturation de la personnalité.
- Aider le patient à prendre parfaitement conscience de ses conflits internes et de la façon dont ces conflits participent à ses difficultés dans la vie.
- L'aider à prendre conscience du fonctionnement de son système de défense et de la façon dont il déforme la réalité, notamment au niveau de ses relations.
- L'aider à mener une vie plus satisfaisante en général.
- L'aider à développer des défenses plus matures.
- L'aider à développer des moyens plus sains pour exprimer ses pulsions.

Tous ces objectifs ont un point commun, l'importance de la *prise de conscience*. La conscience est au centre du processus analytique et constitue l'un des aspects curatifs de la psychanalyse. Il s'agit de mettre au jour les conflits inconscients de sorte que ces problèmes puissent être considérés et traités consciemment. C'est de cette façon que le patient pourra changer : si vous ignorez le problème, vous ne pouvez pas le résoudre. Enfin, selon Sydney Pulver, psychanalyste américain, il s'agit d'obtenir un meilleur fonctionnement par une meilleure compréhension.

La régression

Les psychothérapeutes n'ont peut-être pas de boule de cristal, mais ils ont à leur disposition un système théorique qui explique pourquoi les gens ont des problèmes psychologiques et d'où viennent leurs conflits internes. Certaines causes connues et recensées concernent des cas banals et quotidiens, tels que la régression.

La régression, qui peut être à l'origine de certains problèmes, est un retour à une phase antérieure du développement psychologique. Selon Freud, lorsque nous sommes stressés, nous sommes particulièrement vulnérables à la régression. Le stress met notre système de défense à l'épreuve puisque nous allons augmenter nos efforts pour nous défendre contre lui. Des symptômes psychologiques risquent alors d'apparaître.

Certains événements peuvent déclencher des pulsions et des souvenirs que nous avions oubliés ou dont nous ne sommes pas du tout conscients. Lorsque cela se produit, nous risquons de régresser.

Lorsque nous régressons, nous agissons comme si nous étions plus jeunes, comme des enfants. Avoir des crises de colère, ignorer la réalité, vivre dans un monde irréel, voilà quelques manifestations de la régression.

Le contrôle des pulsions

Il s'agit d'une autre cause connue qui peut alerter couramment sur un mal-être ou un dysfonctionnement. Lorsque les pulsions qui nous poussent à chercher le plaisir, sans prendre en compte la réalité, sont stimulées, nous utilisons nos mécanismes de défense pour les empêcher d'échapper à notre contrôle. Nous ne voulons pas que les pulsions du ça, puissantes et primitives, ne submergent notre personnalité plus mature et plus proche de la réalité. Ces pulsions peuvent se mettre en ébullition lorsque nous sommes stressés ou lorsque nous n'avons pas réussi à nier leur pouvoir. C'est alors que nos défenses interviennent et que des symptômes peuvent apparaître.

Les symptômes psychologiques sont le produit des défenses que nous utilisons contre nos pulsions :

- **Le refoulement** : c'est l'un des mécanismes de défense les plus importants. Il consiste à écarter les pulsions de la conscience afin d'éviter qu'elles n'influencent nos actes et ne détruisent notre vie. Le refoulement demande beaucoup d'énergie mentale. Encore une fois, les symptômes apparaissent à cause de l'intensification de nos défenses, mais ils peuvent être également considérés comme un moyen indirect et inconscient d'exprimer nos pulsions cachées.

- **L’hypocondrie** : à savoir la peur d’avoir une maladie grave. George Vaillant, professeur de psychiatrie à Harvard, estime que l’hypocondrie est un mécanisme de défense donnant l’occasion à quelqu’un de se plaindre, puis de rejeter les efforts des autres pour l’aider. L’hypocondrie permet à l’individu de se sentir incompris puisque personne ne parvient à trouver ce qui ne va pas et donc à l’aider. Ainsi, tout le monde semble être indifférent et insensible à ses besoins.
- **L’expression directe** : une pulsion ou un désir inconscient sont exprimés directement sans qu’on ait à reconnaître consciemment un sentiment particulier.

Les détails pratiques de la psychanalyse

La pratique de la psychanalyse demande peu de logistique. Le patient prend rendez-vous, se rend au cabinet du psychanalyste et rencontre celui-ci. Tous deux parlent ensuite du montant des honoraires et du rythme des séances.

La psychanalyse classique nécessite quatre à six séances par semaine, mais la plupart des gens ne peuvent pas se permettre de faire autant de séances. C'est pourquoi certains psychanalystes proposent une version « allégée » avec seulement une ou deux séances par semaine. Les séances durent environ cinquante minutes dans les deux cas.

Après avoir fait connaissance, le psychanalyste et le patient commencent à travailler. Le patient parle. Le psychanalyste écoute et commente. Il encourage le patient à dire tout ce qui lui vient à l'esprit sans tenter de modifier ce qui « sort ». L'analyste laisse faire mais souligne régulièrement certains points évoqués par le patient afin d'aider celui-ci à prendre conscience.

En moyenne, une psychanalyse classique dure cinq ans. La plupart ne s'engagent pas dans un processus aussi long parce qu'ils optent pour une variante de la psychanalyse classique.

Cela peut paraître évident, mais le patient doit arriver à l'heure à ses rendez-vous et payer régulièrement. Ces deux points sont particulièrement importants pour garantir le professionnalisme de la relation.

Beaucoup de patients attendent du thérapeute qu'il leur apporte toutes les réponses mais cela ne marche pas ainsi et il ne faut pas sous-estimer la quantité de travail que le patient doit fournir. Certains abandonnent très tôt la thérapie parce que l'effort à fournir est trop important ou parce que les choses deviennent trop compliquées.

D'après Sydney Pulver, les efforts à fournir par le patient sont les suivants :

- Noter les pensées ou les souvenirs inconscients qui surgissent pendant la séance.
- Être prêt à vivre des émotions intenses et à affronter des souvenirs négatifs.
- Se concentrer sur la façon dont les relations avec le thérapeute induisent un changement. Tenter de comprendre ce processus.

Chaque patient doit être pleinement informé au début de sa thérapie : une psychanalyse n'est pas une partie de plaisir et peut même être franchement douloureuse.

La posture de l'analyste

Tout comme le patient, le thérapeute a des devoirs à remplir pendant la thérapie. L'analyste doit :

- Être compréhensif, se montrer attentif au patient et concerné par ses problèmes sans cependant dépasser le cadre professionnel.
- Être pleinement conscient de ses propres conflits. Ainsi, pendant la séance, il se concentrera uniquement sur les problèmes du patient et non sur les siens. Si ses difficultés commencent à dominer le traitement, il doit consulter immédiatement son propre thérapeute ou un supérieur.
- Rester objectif et moralement neutre par rapport aux problèmes du patient. Le psychanalyste classique est supposé être un « écran vide » afin de tenir sa personnalité aussi éloignée que possible du processus. La plupart des psychanalystes aujourd'hui pensent que cette image est un peu exagérée. Il est possible d'être un peu plus interactif avec le patient pour faciliter les progrès et établir un lien plus personnel que celui qu'on établit avec un écran vide.
- Prendre en compte l'anxiété du patient sans le submerger ni le stimuler exagérément. Lorsqu'un patient commence une thérapie, il redoute souvent ce qui va se passer pendant les séances. L'analyste ne doit pas pousser le patient trop rapidement ou avec trop d'insistance à parler de sujets qu'il n'est pas prêt à

aborder. Les individus ne sont pas inconscients de leurs conflits internes sans raison. Un bon analyste doit respecter ce fait et mesurer ses commentaires.

Selon Theodor Reik (dans un ouvrage paru en 1948), un bon analyste écoute avec sa « troisième oreille » et essaie de détecter les conflits inconscients dans chaque affirmation du patient. Les rêves, les blagues et les lapsus expriment également les conflits inconscients. L'analyste doit relever ces signes de conflits et faire les commentaires appropriés s'il dispose de suffisamment de temps. Il essaie de comprendre ce qui se passe dans les trois niveaux de conscience du patient à la fois : l'inconscient, le préconscient et le conscient.

Les interprétations psychanalytiques

L'analyste fait des *interprétations*, donne des explications pour faciliter la prise de conscience du patient par rapport à lui-même et au lien qui existe entre ses conflits internes et ses problèmes actuels. L'interprétation est le principal outil de l'analyste pour encourager la prise de conscience du patient selon des éléments bien précis que l'analyste juge nécessaire d'interpréter et de commenter.

En psychanalyse, le but de l'interprétation est de favoriser la prise de conscience du patient. Ainsi, l'analyste va interpréter les pensées inconscientes qui se trouvent sous la surface de la conscience pour guider le patient.

Sydney Pulver a mis en évidence cinq types d'interprétation :

- **Interprétation de la résistance** : mettre en évidence les tentatives du patient pour résister au processus d'analyse et au changement.
- **Interprétation des transferts** : souligner la tendance du patient à reproduire avec l'analyste des relations qu'il a eues dans le passé.
- **Interprétation des transferts extérieurs** : faire remarquer la tendance du patient à reproduire avec d'autres personnes des relations qu'il a eues dans le passé.

- **Reconstructions** : souligner les pensées, les émotions et les comportements du patient qui peuvent compléter ses souvenirs partiels.
- **Interprétation du caractère** : mettre en évidence le comportement inadapté qui semble être un aspect fondamental de la personnalité du patient.

Il est impossible de parler d'interprétation sans considérer la totalité du processus de la psychanalyse.

Le divan, sur lequel s'allonge le patient, fait partie du protocole inhérent à la psychanalyse.

Les étapes d'une thérapie psychanalytique classique

En théorie, la psychanalyse doit se dérouler en plusieurs étapes. Mais le patient et le thérapeute ne sont pas toujours aussi accommodants. Si tout se passe bien, la thérapie passe par les étapes suivantes.

- **La résistance.** Le thérapeute recueille des informations sur l'histoire du patient, en particulier sur les relations et les interactions familiales pendant l'enfance. Le patient discute de ses problèmes avec l'analyste, ce qui n'est pas aussi facile qu'il ne paraît. Au fur et à mesure que le patient pratique l'association libre, les conflits commencent à faire surface. L'analyste essaie de détecter la présence de conflits plus profonds. Plus ils remonteront à la surface, plus le patient tentera de les maintenir hors de sa conscience et de se défendre contre leur contenu dérangeant. La résistance est donc une forme de refus du processus psychanalytique et de son objectif, à savoir favoriser la prise de conscience et rendre l'inconscient conscient. Tous les patients résistent, au moins un peu, et certains plus que d'autres, selon leurs défenses. Au fur et à mesure que l'analyse progresse et que le patient surmonte sa résistance, celui-ci commence à s'habituer au processus et à faire appel plus facilement aux associations libres. Il « régresse » également aux stades antérieurs du développement de la personnalité.

Plus « les fouilles archéologiques » dans l'esprit du patient avancent, plus le psychanalyste et le patient mettent au jour des éléments intéressants.

- **Le transfert.** On parle de transfert lorsque le patient commence à entretenir avec le psychanalyste des rapports reproduisant des relations passées qu'il a eues avec d'autres. C'est une déformation de la relation et de l'interaction réelles entre le patient et l'analyste. Lorsque le premier commence à agir de la sorte avec le second, celui-ci interprète son comportement comme la reproduction d'une relation passée. L'analyste fait remarquer la déformation et aide le patient à en prendre conscience lorsque cela se produit. Il lui montre également comment cela peut influencer sa perception des autres. Ce processus permet au patient de prendre pleinement conscience de ces déformations et des relations faussées qu'il entretient avec les autres puisqu'elles ne sont pas fondées sur les personnes mais sur son « bagage affectif ».
- **La résolution.** Le transfert et l'interprétation que l'analyste en fait sont au cœur de la psychanalyse. Ce processus se reproduit constamment et le thérapeute l'interprète chaque fois, dans le but d'en faire prendre conscience au patient. Lorsque ces épisodes de transfert apparaissent, le psychanalyste et le patient tentent de les résoudre. On appelle cette étape de la thérapie la *résolution*. Les vieux conflits sont mis au jour et traités par le patient, qui apprend à reconnaître ces incidents et à entretenir une relation plus réaliste et moins déformée avec le psychanalyste. La relation patient-psychanalyste n'est plus gênée par le transfert et le patient arrive bientôt à la fin de sa thérapie.

- **Le terme de la thérapie.** Dès que les déformations se font moins fréquentes, que la prise de conscience augmente et que les symptômes s'atténuent, on décide d'une date pour arrêter la thérapie. À ce stade, il faut travailler sur les pensées, les sentiments et les déformations liés à la séparation dans les relations. Pour certains, il est particulièrement difficile de prendre congé. Si le patient souffrait d'un problème déjà lié à une séparation, il y aura plus de résistance, de transfert et de résolution avant que l'analyse puisse prendre fin.

À savoir

Ce déroulement s'applique à la psychanalyse classique. Très peu de professionnels la pratiquent encore à l'heure actuelle très précisément. De nombreuses révisions et adaptations ont été apportées à cette forme classique, même si le processus et les mécanismes fondamentaux restent au cœur de la psychanalyse.

L'interpersonnalité en analyse

En 1920, Harry Stack Sullivan a introduit la notion d'*interpersonnalité* en psychanalyse. Il a insisté sur les dynamiques relationnelles réelles qui existent entre le patient et l'analyste.

Alors que Sigmund Freud soulignait surtout ce qui se passait dans l'inconscient profond du patient, les adeptes de l'interpersonnalité ont commencé à se concentrer sur ce qui se passait dans la relation. Ils ont perçu et interprété les transferts comme des produits de l'interaction. Le patient n'est plus le seul à être responsable de ces transferts. Le psychanalyste peut, en effet, agir d'une façon qui rappelle au patient des relations antérieures conflictuelles et provoquer le transfert.

Pour les nouveaux psychanalystes, la clé se trouve dans la relation entre le patient et l'analyste et dans la façon dont le patient interagit avec les autres dans le cadre d'une relation. Le patient va-t-il reproduire des conflits antérieurs dans sa manière d'entretenir une relation avec les autres ? Franz G. Alexander (1891-1964) a introduit le concept d'*expérience émotionnelle corrective* pour décrire une situation dans laquelle le psychanalyste entretient avec le patient une relation que celui-ci n'a pas connue pendant son enfance. Le psychanalyste aide alors le patient à sortir de son impasse du développement. Si les conflits du patient sont supposés être le résultat d'une carence de la part des parents, le rôle du psychanalyste sera de combler cette carence. La thérapie devient une nouvelle forme de relation que le patient n'a jamais eue et qui va l'aider à entretenir des relations plus saines et plus matures avec les autres.

Portrait

Nom : SULLIVAN
Prénom : Harry Stack
Nationalité : américaine
Dates : 1892-1949
Spécialité : la psychiatrie et la psychanalyse auprès des schizophrènes.
Connu pour : avoir défini la psychanalyse et la psychiatrie comme des processus essentiellement relationnels entre le patient et son analyste.

La thérapie comportementale

La thérapie comportementale fait partie des thérapies ciblées, plus brèves que peut l'être la psychanalyse. Elle insiste, chez l'individu accompagné, sur les conditions actuelles qui entretiennent un comportement, qui font qu'il continue à se produire.

Ce type de thérapie ne se concentre pas sur la personne mais sur le problème. Certains la comparent à une sorte de désherbage. Les psychanalystes arrachent les mauvaises herbes par la racine de sorte qu'elles ne repoussent jamais. Les thérapeutes comportementaux ou béhavioristes, en revanche, coupent les mauvaises herbes par le haut, et si elles repoussent, ils les coupent encore, et encore... Ici, les origines d'un problème ne sont donc pas considérées comme aussi importantes que les conditions qui permettent à ce problème de persister.

La thérapie comportementale s'appuie sur les théories de l'apprentissage telles que le conditionnement classique d'Ivan Pavlov, le conditionnement opérant de Burrhus F. Skinner et la théorie d'apprentissage social d'Albert Bandura (reportez-vous aux fiches à ce sujet dans le présent ouvrage). Tous les comportements sont acquis, qu'ils soient sains ou anormaux.

L'apprentissage, dans le *conditionnement classique*, fait référence aux liens établis entre les événements et les actions. Dans le *conditionnement opérant*, l'apprentissage désigne le processus permettant d'augmenter la probabilité de l'apparition ou de la non-apparition d'un comportement en fonction des conséquences. Dans la *théorie d'apprentissage social*, l'apprentissage se fait par l'observation des autres personnes.

Les thérapeutes comportementaux ou béhavioristes insistent beaucoup sur la méthode scientifique qu'ils utilisent et se concentrent sur les changements observables et sur leur mesure. Les techniques et les activités thérapeutiques sont bien programmées, très structurées et systématiques. Le thérapeute est moins le détenteur d'une vérité divine qu'un partenaire collaborant au processus de changement de comportement. Le patient doit également apporter sa contribution, aussi bien au moment de la séance qu'à l'extérieur, puisqu'il doit faire des exercices destinés à modifier son comportement dans le monde réel et à favoriser les progrès réalisés lors de chaque séance.

L'approche du thérapeute comportementaliste

En conformité avec leur approche scientifique et systématique des troubles psychologiques, les thérapeutes comportementaux procèdent en premier lieu à une évaluation complète des problèmes du patient.

Voici un aperçu des étapes élémentaires de l'*évaluation comportementale* :

1. Identifier le comportement cible (que l'on souhaite modifier) par une technique spéciale pour analyser le problème de départ : c'est ce qu'on appelle l'« analyse ABC », ou l'évaluation des événements qui se sont produits avant, pendant et après le comportement en question.

A : les *antécédents* d'un comportement particulier, les choses ou les événements qui se sont produits juste avant le comportement cible. Prenons l'exemple très répandu des couples qui se disputent excessivement. Les antécédents particuliers intéressants dans ce cas peuvent être le moment, l'endroit et les circonstances précédant immédiatement chaque dispute.

B : le *comportement* (*behaviour*) ou plutôt le comportement cible. Dans le cas du couple qui se chamaille, le comportement cible correspond au fait de se disputer.

C : les *conséquences* du comportement ou les événements et les circonstances générales qui se produisent après B et comme résultat direct de B. Dans le cas du couple qui se dispute, le C peut correspondre au départ bruyant des deux protagonistes. L'homme claque la porte et part faire un tour en voiture, la femme quitte la maison pour faire une longue promenade à pied.

2. Identifier les conditions actuelles d'entretien, c'est-à-dire les circonstances qui contribuent à la perpétuation d'un comportement. On identifie deux sources spécifiques : l'environnement et le comportement du patient.

3. Définir les objectifs spécifiques de la thérapie en termes explicites. L'objectif initial de la thérapie peut être de faire cesser les disputes. Cependant, cette description est un peu trop vague pour un thérapeute comportemental. Une mesure plus précise du comportement cible consiste à identifier le nombre, les occurrences ou la durée des disputes. Alors, plutôt que de demander à un couple d'arrêter de se disputer, on définira un comportement cible plus adéquat comme se limiter à une dispute par semaine.

La clarté et la structure d'une thérapie comportementale sont particulièrement agréables, aussi bien pour le patient que pour le thérapeute.

La thérapie par le renforcement

Les thérapeutes comportementaux ont à leur disposition une grande variété de techniques de traitement très structurées pour aborder le problème de leur patient. L'une d'entre elles s'intitule la thérapie par le renforcement.

Les techniques fondées sur le renforcement s'appuient sur les principes du conditionnement opérant, en particulier sur l'utilisation du renforcement positif.

Après avoir procédé à une évaluation complète du comportement, le thérapeute et le patient procèdent selon les étapes suivantes :

1. Dresser une liste de renforçateurs à utiliser dans le cadre de la thérapie. C'est un processus crucial. Tout ce qui peut augmenter la probabilité de réapparition du comportement souhaité peut faire office de renforçateur.
2. Déterminer comment et quand administrer les renforçateurs. Le *renforcement continu*, par exemple, est un bon moyen d'obtenir rapidement un changement de comportement. Dans ce cas, le patient est renforcé chaque fois qu'il adopte le comportement cible. Une fois que le patient commence à produire ce comportement de façon constante, il est possible de diminuer graduellement le renforcement.

3. Commencer le façonnement. Il s'agit de renforcer le patient lorsqu'il s'approche du comportement cible afin de le « façonner » et de le guider vers le comportement souhaité.
4. Créer un contrat formel qui passe en revue tous les points du programme de traitement convenus et précise quand, comment et où le comportement cible doit apparaître.
5. Procéder régulièrement à des réévaluations au cours du traitement pour évaluer les progrès du patient vers l'objectif. Si nécessaire, on procède à des ajustements dans les procédures de renforcement.
6. Terminer la thérapie. Lorsque le patient produit le comportement cible sur la période de temps souhaitée, la thérapie prend fin.

Facile, non ?

Les thérapies de décélération

Vous connaissez certainement l'expression *crier au loup*, qui signifie avertir d'un danger en exagérant son importance. Si nous appelons à l'aide trop souvent alors que nous n'en avons pas réellement besoin, personne ne nous aidera le moment venu. Mais la réponse systématique des autres renforce aussi notre comportement. S'ils cessent de nous venir en aide, ils annulent un renforcement pour supprimer la réponse – c'est ce qu'on appelle l'*extinction*.

Depuis longtemps, les béhavioristes ont découvert qu'un comportement peut s'arrêter lorsque le renforcement qui lui est associé cesse. Michael Spiegler et David Guevremont désignent les traitements qui utilisent le principe de l'extinction sous le nom de *thérapies de décélération*.

La thérapie de décélération se déroule presque de la même façon que la thérapie par le renforcement : les comportements cibles et les conditions de renforcement sont identifiés. La principale différence est que les renforçateurs sont supprimés au lieu d'être administrés.

L'isolement est l'un des exemples les plus connus de thérapie de décélération. Il est utilisé au quotidien par de nombreux parents. L'idée de l'isolement est que le comportement cible indésirable d'un enfant (ou de qui que ce soit) est entretenu, soit par l'attention sociale renforçante que l'enfant reçoit comme conséquence de son comportement, soit par d'autres renforçateurs inhérents à la situation, tels que prendre un jouet à un autre enfant. Lorsque l'enfant produit le comportement cible, on l'emmène dans un endroit destiné à l'isolement. De cette façon, on l'éloigne des renforçateurs présents dans la situation donnée. Aucun renforçateur potentiel ne doit être présent dans la zone d'isolement, sinon l'enfant risque d'être renforcé pendant ce temps.

Le saviez-vous

Spiegler et Guevremont distinguent quatre conditions qui rendent l'isolement efficace :

- Les périodes d'isolement ne doivent pas être trop longues.
- Aucun renforçateur ne doit être disponible pendant la période d'isolement.
- L'isolement doit prendre fin lorsque le temps est écoulé et lorsque l'enfant se comporte correctement.
- Il faut veiller à ce que l'enfant n'utilise pas l'isolement pour échapper à des tâches qu'il n'avait pas envie de faire à l'origine.

Les thérapies par exposition

Ces thérapies consistent à exposer un comportement cible à de nouvelles conditions afin de réduire son apparition. Il en existe différents types.

L'*exposition* est un autre terme pour la réassociation ou le réapprentissage d'un comportement cible avec un autre comportement, ce qui a pour résultat de faire cesser le comportement cible.

Pour empêcher le comportement cible de se produire, il suffit a priori de trouver un comportement qui interfère avec ce comportement cible.

Edmund Jacobson (1888-1983) et Joseph Wolpe (1915-1997) ont développé des techniques thérapeutiques qui s'appuient sur ce concept d'incompatibilité. Lorsque deux comportements se produisent en même temps, c'est le comportement le plus fort qui prévaut. C'est ce qu'on appelle l'*inhibition réciproque* ou le *contre-conditionnement*. La thérapie qui fait appel à l'inhibition réciproque ou au contre-conditionnement est conçue pour affaiblir le comportement cible négatif conditionné classiquement. Le contre-conditionnement est le mécanisme opératoire de toutes les thérapies d'exposition.

Il existe différents types de thérapies d'exposition fondées sur le principe de la désensibilisation systématique, notamment :

- **La sensibilisation cachée** (exposition en imagination) : l'apprentissage, ou l'association, ne se produit que dans l'esprit du patient et non dans la vie réelle. Les procédures mises au point par Wolpe et Jacobson sont très similaires. Les thérapeutes apprennent au patient comment entrer dans un état de relaxation profonde. Ensuite, ils lui demandent de s'imaginer dans une situation angoissante tout en maintenant son état de relaxation. Lorsque le niveau d'anxiété du patient devient trop élevé, le thérapeute lui dit d'effacer l'image et de continuer à se relaxer. La répétition constante de ce processus pendant plusieurs séances permet d'atténuer la réponse de peur face à la situation, car l'état de relaxation prend le pas sur la peur initiale de la situation ou de l'objet. Le patient associe désormais la relaxation avec la situation déclenchant la peur ou l'objet de la phobie.
- **La thérapie par exposition graduelle** : lorsqu'un patient apprend à produire le comportement redouté dans une situation de la vie réelle, il pratique la « sensibilisation *in vivo* ». En général, cette forme de désensibilisation a lieu graduellement, d'où son nom. Si vous avez peur de prendre l'avion, votre thérapeute commencera par regarder des films avec vous sur les avions. Puis vous irez à l'aéroport. Puis vous passerez un moment dans le terminal. Ensuite, vous prendrez place dans un avion. Vous vous dirigerez progressivement vers l'objectif souhaité : prendre l'avion, mais pas avant d'avoir effectué un grand travail de préparation et appris à vous relaxer au cours des différentes étapes.
- Ou encore **le *flooding*** (voir notion suivante).

Le *flooding* consiste à affronter concrètement ses plus grandes phobies.

Le *flooding*

Cette forme de thérapie consiste à confronter le patient à la situation ou à l'objet provoquant la peur pendant une période assez longue. Ici, l'anxiété du patient atteint des sommets. Ici, il n'y a pas d'exposition progressive. On expose le patient à l'objet de sa pire phobie, et on l'empêche de partir en courant, de s'échapper ou de produire tout autre comportement de fuite qu'il a utilisé autrefois pour éviter cette peur ! C'est ce qu'on appelle la *prévention de la réponse*.

La thérapie du *flooding* semble terrible, pourtant, c'est l'une des formes les plus efficaces de thérapies comportementales. Si un patient fait confiance à son docteur, il pourra surmonter rapidement certaines phobies puissantes et débilitantes.

Le *flooding* peut être très efficace pour traiter la phobie des microbes. Imaginez une personne qui souffre d'une phobie des microbes et craint d'attraper des maladies par les poubelles. Son thérapeute comportemental lui montre une pile d'ordures et lui dit de sauter dedans. Il s'agit d'un exemple plutôt extrême de *flooding*, mais ce n'est pas si loin de la réalité. Les thérapeutes qui ont recours à cette pratique demandent à leurs patients de s'exposer complètement à ce qu'ils craignent le plus. Et cela marche !

La thérapie cognitive

La thérapie cognitive est une forme très connue et recherchée de psychothérapie. Elle met l'accent sur le pouvoir des pensées. Pour les thérapeutes cognitifs, les problèmes psychologiques, tels que les difficultés interpersonnelles et les troubles émotionnels, sont le résultat direct de « pensées horribles ». En d'autres termes, des processus de pensées inadaptés sont à l'origine des problèmes. Ce type de pensées peut avoir une influence énorme sur notre psyché, car nous analysons et traitons les informations de chaque événement qui se passe autour de nous ainsi que chacune de nos réactions à ces événements.

Nos réactions sont le produit de ce que nous pensons d'une situation ou d'un événement. Dans beaucoup de situations, telles que la perte d'un être cher, un échec, une blessure infligée par quelqu'un ou la confrontation à quelque chose d'effrayant, il est tout à fait naturel de sentir des émotions négatives. Les réactions négatives ne sont pas nécessairement anormales. C'est seulement lorsque nos réactions émotionnelles et nos comportements deviennent extrêmes, figés et répétitifs que nous atteignons les frontières du trouble psychologique.

Parfois, nos pensées peuvent être influencées ou déformées, ce qui peut nous perturber. La thérapie cognitive a une approche relativiste de la réalité : la réalité d'un individu résulte de la façon dont il perçoit les choses. Cependant, les thérapeutes cognitifs ne considèrent pas que la psychopathologie soit seulement une conséquence de la pensée. En fait, c'est le résultat d'une certaine forme de pensée. Ainsi, ces erreurs spécifiques dans le mode de pensée sont à l'origine de problèmes spécifiques.

Les distorsions cognitives d'Aaron Beck

Aaron Beck distingue six distorsions cognitives susceptibles d'entraîner des problèmes psychologiques :

- **La conclusion arbitraire** : cette distorsion se produit lorsqu'un individu tire des conclusions à partir d'informations incomplètes ou inexactes.
- **Le catastrophisme** : c'est ce qu'on appelle « faire une montagne d'un rien ». Selon Beck, c'est accorder plus d'importance à une chose qu'elle n'en a réellement.
- **La pensée dichotomique** : nous savons tous qu'on ne peut pas voir les choses en noir et blanc sans prendre en compte les nuances. Lorsque nous classons les événements ou les situations dans l'un ou l'autre extrême, nous pensons de façon dichotomique.
- **La généralisation exagérée** : nous prenons une expérience ou un rôle et nous l'appliquons systématiquement à une série de circonstances qui n'ont aucun rapport.
- **La personnalisation** : nous pensons qu'un événement est en rapport avec nous alors qu'en réalité, il ne l'est absolument pas.
- **L'abstraction sélective** : nous tirons des conclusions en sortant les comportements des autres de leur contexte.

Comme c'est le cas pour la thérapie comportementale, la théorie à l'origine de la thérapie cognitive est troublante de simplicité. Si les problèmes psychologiques sont le produit de pensées erronées, la thérapie aura pour but de modifier ces pensées. Parfois, c'est plus facile à dire qu'à faire. Heureusement, les thérapeutes cognitifs ont à leur disposition une grande variété de techniques et une approche systématique.

Le processus de la thérapie cognitive

La thérapie cognitive a donc pour but de modifier la pensée déformée à l'aide d'une analyse logique et d'expériences comportementales conçues pour tester les croyances dysfonctionnelles. La plupart des pensées erronées se rapportent à de fausses hypothèses sur soi-même, le monde et les autres.

La thérapie cognitive se déroule à peu près de la façon suivante :

1. Le thérapeute et le patient procèdent à une évaluation complète des croyances et des suppositions erronées du patient et recherchent le lien entre ces pensées et des émotions et comportements dysfonctionnels spécifiques.

Les Américains Christine Padesky et Dennis Greenberg proposent au patient un système d'identification de ses pensées erronées, que les psychologues cognitifs appellent les *pensées automatiques* – des pensées qui surgissent automatiquement en réaction à une situation particulière. Le patient doit prendre en notes les situations spécifiques auxquelles il est confronté entre chaque séance de thérapie, puis décrire en détail ses réactions face à ces situations.

2. Le thérapeute et le patient travaillent ensemble. Ils utilisent les notes du patient (sur ses pensées automatiques face à une situation) pour identifier les distorsions cognitives s'insérant entre les

situations et les réactions du patient. Ce processus souvent difficile peut prendre plusieurs semaines, voire plusieurs mois, mais, au bout du compte, les distorsions sont complètement identifiées.

3. Le patient et le thérapeute travaillent ensemble pour modifier les croyances erronées du patient. Ils travaillent en collaboration pour réfuter logiquement, remettre en question et tester ces conclusions et ces principes erronés. Ils tentent ainsi d'améliorer la façon de penser du patient et de lui faire perdre l'habitude de déformer les informations.

À savoir

Le livre de Norman Vincent Peale, *La Puissance de la pensée positive* (paru pour la première fois aux États-Unis en 1952), est devenu un véritable best-seller. D'après Peale, la pensée positive produit des résultats positifs dans notre vie. Il n'est pas le seul à croire que la pensée joue un rôle déterminant dans l'apparition et le développement d'un comportement.

Albert Ellis et la combinaison comportementale et cognitive

Albert Ellis (1913-2007) est le créateur d'une forme de thérapie combinée qui s'inspire aussi bien de la thérapie comportementale que de la thérapie cognitive. Sa *thérapie comportementale rationnelle-émotive* part du principe que les problèmes psychologiques sont le résultat de pensées et de comportements irrationnels qui soutiennent ces pensées irrationnelles. Ainsi, on peut traiter ces problèmes en aidant le patient à penser plus rationnellement et à se comporter d'une façon qui soutienne la pensée rationnelle.

Ellis est un psychologue charismatique dont le style et la personnalité sont au service des principales idées de sa thérapie. Les psychologues qui pratiquent cette thérapie considèrent que nous générons nous-mêmes nos problèmes et que nous nous faisons du mal en nous accrochant à des idées irrationnelles qui ne résistent pas à un examen minutieux. Le problème est que nous n'examinons pas assez souvent nos pensées. Nous faisons régulièrement des affirmations irrationnelles (« Je ne peux pas le supporter ! », « Je suis vraiment nul, je n'y arrive pas ! ») qui soutiennent nos pensées irrationnelles.

Les thérapeutes du comportement rationnel-émotif qualifient ces affirmations d'irrationnelles parce qu'ils considèrent que les individus sont capables de supporter et de gérer des événements négatifs. Ces derniers sont rarement aussi graves que nous le pensons. Nous nous enfermons aussi dans des rôles qui augmentent notre sentiment de culpabilité lorsque nous sommes dépassés, tristes, anxieux, etc. : « Je ne devrais pas me mettre en colère ! », « Je ne devrais pas me soucier de ce qu'elle pense ! », « Je ne devrais pas me faire du souci à propos de ça ! »

Ces croyances vont à l'encontre d'une adaptation et d'un traitement de l'information raisonnable et sain par un individu. Le thérapeute et le patient devront trouver un moyen d'identifier, de remettre en cause et de modifier ces croyances afin de réduire leur influence sur les émotions et les motivations du patient. Les thérapeutes n'essaient pas forcément de dissuader les patients de ressentir les choses comme ils le font. Ils tentent juste de les aider à vivre leurs émotions d'une façon plus atténuée et plus gérable.

Certains niveaux émotionnels sont sains et d'autres irrationnels. Le but de la thérapie est d'apprendre aux patients comment vivre leurs émotions de façon plus rationnelle.

Selon Ellis, les individus changent rarement leur façon de penser irrationnelle sans agir contre elle. Leur pensée ne changera pas tant que leur comportement restera le même.

La théorie de la personne selon Carl Rogers

Dans ce monde immense et chaotique de plus de sept milliards de personnes, il nous semble parfois que nous sommes insignifiants, que notre identité individuelle est transparente. Pourtant, chacun de nous a conscience d'être un individu unique. Parfois, nous avons le sentiment d'être si indépendants que nous nous sentons seuls, comme si personne ne s'inquiétait de notre sort.

Carl Rogers a eu une influence considérable sur la psychothérapie en remettant la personne au centre du processus, dans l'optique de comprendre et de valoriser chacun de ses patients en tant qu'individu unique, avec de réels problèmes, et non en tant que représentant de théories abstraites.

La *psychothérapie humaniste* de Carl Rogers donne la priorité à l'aspect humain de chaque patient. D'après lui, chaque individu recherche de façon innée le développement optimal de son potentiel dans un but de survie. Nous commençons tous notre vie avec l'objectif modeste de satisfaire nos besoins primaires (nourriture, abri et protection). À partir de là, nous essayons d'améliorer notre vie et de développer nos aptitudes au maximum. Le *développement* est le mot-clé de la psychothérapie humaniste.

Le développement personnel du patient est essentiel dans l'esprit du thérapeute et dans le processus de thérapie. Le mécanisme d'aide ou de guérison de la psychothérapie humaniste repose sur la capacité du thérapeute à comprendre l'expérience unique du patient (pensées, comportements et émotions). Au fur et à mesure que le thérapeute essaie de comprendre le patient, celui-ci apprend à se voir d'une façon plus constructive et épanouissante.

D'après Rogers, chacun de nous a un cadre de référence unique à partir duquel il appréhende le monde. Il pense que la volonté du thérapeute de comprendre l'individu a un effet thérapeutique dans la mesure où nous voulons tous être compris. Lorsque nous nous sentons compris, nous avons le sentiment d'être plus vivants et plus présents dans ce monde froid et impersonnel.

Portrait de Carl Ransom Rogers.

Contributions d'Erich Fromm

Bien qu'il n'appartienne pas au courant humaniste, Erich Fromm a présenté un concept destiné à expliquer pourquoi il est si important pour nous d'être compris. D'après lui, nous confrontons constamment nos perceptions et nos expériences à celles des autres, notamment des personnes dont l'opinion nous touche et nous incombe.

Fromm insiste sur ce concept de *contrôle réalité*, c'est-à-dire l'idée selon laquelle nous avons besoin de valider auprès d'un autre notre perception de la réalité. La validation est la confirmation par une autre personne de notre expérience de la réalité. Elle nous donne le sentiment d'exister.

D'après Fromm, sans la validation, nous aurions l'impression de ne pas exister. Être compris devient donc synonyme d'avoir le sentiment d'exister.

L'expérience individuelle de chaque individu est spécifiquement distincte de celle des autres. Néanmoins, le sentiment d'unicité de chacun est soumis à la perception des autres. Dans l'enfance, notre expérience est étroitement liée à celle de nos parents. Ceux-ci constituent notre premier modèle de compréhension et d'expérimentation du monde. Plus tard, nous commençons à différencier notre propre expérience de celle des autres.

Toutefois, ce *processus de différenciation de l'expérience* n'est possible que dans un environnement où l'individu est perçu de façon positive.

Portrait

Nom : FROMM
Prénom : Erich
Nationalité : américaine, d'origine juive allemande
Dates : 1900-1980
Spécialité : la psychanalyse humaniste.
Connu pour : être un des premiers représentants de l'école de Francfort et un des précurseurs de l'idée de revenu de base inconditionnel.

L'incongruence, ou l'écart entre moi et moi-même

Carl Rogers appelle l'expérience que nous avons de nous-mêmes nos *conditions de validité*. Tant que nous satisfaisons aux conditions de validité fixées par les autres, tout va bien. Mais si nous ne bénéficions pas d'une acceptation inconditionnelle, cela se complique. Nous sommes tentés de chercher l'*acceptation conditionnelle* d'autres personnes. En cherchant l'acceptation conditionnelle, si nos expériences sont différentes de celles des personnes qui nous entourent, nous risquons d'altérer nos propres pensées, émotions ou comportements pour les ajuster aux leurs. Car nous sommes convaincus que si nous pensons, ressentons et agissons comme elles, nous obtiendrons le regard positif que nous attendons.

S'il y a une incohérence entre l'authentique expérience que nous faisons de nous-mêmes et l'expérience que nous faisons pour être en phase avec les autres, nous provoquons un problème d'*incongruence*. Autrement dit, nous développons deux visions de nous-mêmes : ce que nous sommes et ce que nous pensons que les autres pensent que nous sommes. D'après Rogers, les déséquilibres psychologiques sont liés à une incongruence entre l'expérience globale de l'individu et une expérience de soi distordue. En raison de cette incongruence, l'individu se sent étranger à lui-même, déconnecté et amputé d'une partie de lui-même. Il ne vit qu'une partie de son être. Par conséquent, il ne satisfait pas son besoin d'expérimenter, d'améliorer et de développer son être.

Au cours de ce processus, nous utilisons différents mécanismes de défense pour étayer nos actes. Nous traitons les informations relatives à nous-mêmes, aux autres et au monde qui nous entoure de façon sélective afin de ne pas chambouler notre réalité.

L'un des principaux objectifs de la psychothérapie humaniste consiste à aider le patient à réintégrer ces différentes versions du soi.

Le regard positif inconditionnel

Dans le cadre d'une psychothérapie humaniste centrée sur la personne, le processus qui sert de socle à l'accompagnement de l'individu s'appelle le *regard positif inconditionnel*. C'est l'une des contributions les plus importantes de Carl Rogers à la psychothérapie. Ce regard particulier consiste à accepter le patient en tant que personne, sans porter de jugement moral sur son expérience, ses émotions, ses pensées ou ses comportements. Le thérapeute, par cette méthode, se prémunit de reproduire l'expérience invalidante que le patient a probablement vécue dans son enfance ou continue à vivre.

Il utilise la *technique du reflet*, qui consiste à montrer au patient qu'il entend ce qu'il dit et qu'il essaie de le comprendre. Cette technique est liée au concept d'*empathie*. Le thérapeute n'applique pas ses propres théories à l'expérience du patient. Ainsi, le patient peut voir comment il a distordu son expérience sans introduire de nouvelles distorsions liées aux attentes du thérapeute. Le thérapeute « reflète » le patient en décrivant l'être que celui-ci lui présente. Au cours de ce processus, la conscience de soi du patient se développe et celui-ci commence à se voir différemment. Le thérapeute agit donc comme une sorte de miroir ou d'« amplificateur du soi ». Ce processus consiste pour le thérapeute à aider le patient à mieux organiser ses expériences et ses pensées.

On retrouve aujourd'hui des prolongements de ces approches positives dans l'accompagnement des parents et de leurs jeunes enfants. On encourage en effet les parents à recevoir, écouter et refléter ainsi les émotions et les expériences portées par leurs enfants, comme un accompagnement de leur développement sans jugement.

Les conditions nécessaires et suffisantes de la thérapie humaniste

D'après Rogers, pour que la thérapie soit efficace, six *conditions nécessaires et suffisantes* doivent être réunies :

- Une relation professionnelle et respectueuse entre le patient et le thérapeute.
- La volonté du patient d'être vulnérable et d'éprouver des émotions fortes, comme l'anxiété, et l'aptitude du thérapeute à aider le patient à chercher et à s'impliquer dans la relation.
- L'authenticité – le patient doit être *librement* et *profondément* lui-même et éviter toute distorsion de ses émotions ou de ses pensées.
- Un regard positif inconditionnel.
- L'empathie.
- La perception de l'authenticité – le thérapeute doit être une véritable personne (avec des émotions, des pensées et comportements qui lui sont propres) et non un individu qui joue un rôle vis-à-vis du patient.

Portrait

Nom : ROGERS
Prénom : Carl
Nationalité : américaine
Dates : 1902-1987
Spécialité : la psychologie humaniste.
Connu pour : avoir développé des méthodes d'accompagnement centrées sur la personne, dans le questionnement empathique, et s'être intéressé à la créativité personnelle.

Citation

« Il existe un curieux paradoxe : quand je m'accepte tel que je suis, alors je peux changer. »

La Gestalt-thérapie

D'après les gestaltistes, ou praticiens de la Gestalt-thérapie, le cerveau humain perçoit le monde comme un ensemble structuré fondamentalement différent de la somme de ses parties.

La Gestalt-thérapie, fondée par l'Allemand Fritz Perls (1893-1970), s'adresse aux patients qui n'ont pas conscience de leurs besoins en tant qu'organismes vivants. Chacun de nous est un organisme vivant, qui respire, mange et défèque. Nous sommes des organismes autorégulateurs. Nous savons de manière innée quels sont nos besoins et, à moins d'être confrontés à des obstacles, nous les satisfaisons naturellement. Nos besoins biologiques constituent la base de nos comportements. Tous les autres besoins que nous satisfaisons sont liés à la satisfaction de ces besoins primaires. Lorsque l'un d'entre eux n'est pas satisfait, nous éprouvons le désir instinctif de restaurer notre équilibre naturel. Ce besoin domine notre conscience jusqu'à ce qu'il soit satisfait.

L'objectif de la Gestalt est très simple : nous organisons notre vie, nos comportements, nos pensées, nos émotions et nos activités en fonction de ces besoins qui nous sont propres. Autrement dit, nos besoins sont au centre de notre organisation personnelle. Chacun de nous est un tout composé de parties organisées autour de différents besoins (primaires et secondaires).

Pour les gestaltistes qui s'intéressent à la perception humaine, lorsqu'une chose prend de l'importance dans notre champ de perception, elle devient *figurative*. On peut la comparer à une figure se détachant d'un fond moins bien défini. La vie de chaque individu est donc organisée autour de ce qui est figuratif pour lui. Perls et les gestaltistes désignent la figure et le fond sous le nom de *champ*.

Douze principes gestaltistes.

Le cycle de l'expérience gestaltiste

Selon la Gestalt-thérapie, nous sommes ainsi concentrés sur certains besoins, mais pas sur les autres. Le champ se décompose en figure et en fond selon le besoin qui exige la satisfaction la plus immédiate (figure) et des besoins déjà satisfaits (fond).

Au cours de ce que l'on appelle le *cycle de l'expérience*, un besoin reste figuratif jusqu'à ce qu'il soit satisfait et s'efface ensuite dans le fond pour permettre à de nouveaux besoins urgents d'émerger.

D'après Petruska Clarkson et Jennifer Mackewn, ce cycle se compose des étapes suivantes :

1. **Précontact :** un organisme (comme vous et moi) prend conscience d'un besoin.
2. **Contact :** des ressources sont mobilisées et exploitées pour satisfaire le besoin ; l'organisme agit de façon à éliminer tout obstacle.
3. **Contact final :** l'organisme est pleinement investi dans le processus de satisfaction du besoin. Tout besoin non figuratif disparaît dans le fond et le besoin le plus urgent se détache clairement dans le champ.
4. **Postcontact :** la satisfaction est accomplie et la figure s'efface.

Les gestaltistes donnent beaucoup d'importance à la conscience. Perls la définit comme l'aptitude à être en contact avec l'ensemble du champ, qui inclut à la fois la figure et le fond. Pour lui, la conscience – ou le « contact » – est le processus continu d'interaction et d'ajustement qui existe entre un organisme et son environnement. Nous évoluons et nous mûrissons par le contact.

À savoir

Fritz Perls avait un grand respect pour la capacité d'autorégulation de l'être humain. Il attendait de ses patients qu'ils luttent pour l'intégration et la maturité en évitant de dépendre inutilement des autres. Il respectait et favorisait l'indépendance et l'autonomie de chaque individu. Sa célèbre prière le confirme :

« Je fais ce qui me plaît et tu fais ce qui te plaît.

Je ne suis pas dans ce monde pour être à la hauteur de tes espérances, et tu n'es pas dans ce monde pour être à la hauteur des miennes.

Tu es toi et je suis moi.

Si, par hasard, nous nous rejoignons, c'est merveilleux. Sinon, nous n'y pouvons rien. »

Les problèmes psychologiques définis par la Gestalt

Les gestaltistes n'ont pas recours aux diagnostics ni aux catégories de psychopathologie traditionnelles. Mais cela ne signifie pas qu'ils croient que leurs patients n'ont pas de problèmes psychologiques. Avec tous ces besoins, ces parties, ces figures et ces fonds, il y a de quoi faire !

Voici quelques-uns des problèmes identifiés par les gestaltistes :

- Lorsque nous arrêtons d'évoluer et de mûrir, c'est-à-dire lorsque nous cessons de fonctionner comme des organismes qui satisfont de manière efficace leurs besoins, nous souffrons de *troubles du développement*. Le processus normal de formation de la figure et du fond est perturbé et, au lieu d'éprouver une réelle satisfaction, nous nous retrouvons avec une série de besoins insatisfaits.
- Lorsqu'un besoin n'est pas satisfait, il reste figuratif. Il constitue ce que l'on appelle un *projet inachevé*. Ce besoin continue à tendre vers la satisfaction, si bien que tout ce que nous faisons, disons, ressentons ou pensons est interprété en fonction de ce projet inachevé. Par exemple, je viens de passer un entretien pour un nouvel emploi. Mon employeur potentiel m'a dit qu'il m'enverrait un courrier ou qu'il me téléphonerait dans les

deux semaines qui viennent. Je n'arrête pas d'y penser quand je relève mon courrier ou quand je réponds au téléphone. Mon besoin d'obtenir cet emploi organise mon expérience.

Nous avons deux stratégies pour gérer un besoin insatisfait : l'*oubli* ou le *renoncement*. D'après Perls, le renoncement sape notre énergie vitale. Nous n'avons plus conscience du champ et nous perdons nos repères.

Pour gérer un besoin insatisfait, nous pouvons aussi créer des *besoins de substitution*. Ce processus satisfait parfois une partie de nous-mêmes, mais il ne nous comble jamais totalement. Nous restons bloqués dans un environnement fixe, où aucune figure ne disparaît et aucune autre n'émerge. Nous ne sommes jamais vraiment satisfaits ni par l'oubli ni par le renoncement. Nous atteignons une impasse. Notre développement s'arrête, le cycle de l'expérience est perturbé et le contact interrompu. Nous sommes alors englués dans des compromis.

Citation

« Les cellules en savent bien plus
Que nos arrogants calculs !
La perception directe (que nous avons perdue)
Est encore intacte, si nous la laissons exister.
L'ovule donc pourrait ne pas accepter
Le plus ambitieux des soupirants. »

F. S. Perls, *Ma Gestalt-thérapie*, Tchou, 1976.

Les couches de blocage dans la Gestalt

Perls et les gestaltistes ont identifié cinq différentes couches de blocage qui interrompent notre développement et nous maintiennent dans une vie déconnectée de la réalité et inauthentique. Au stade du blocage, nous nous engageons dans une approche inefficace de satisfaction de nos besoins, basée sur le compromis. Nous perdons contact avec notre véritable cycle de l'expérience.

Ces cinq couches sont les suivantes :

- **Couche factice** : niveau de fonctionnement dans lequel l'individu construit un soi irréel afin de s'intégrer dans le monde. L'individu adopte un rôle et une identité qui ne reflètent pas ses véritables besoins. Il lutte pour la satisfaction de ce qu'il croit être lui et non de ce qu'il est vraiment.
- **Couche phobique** : l'individu a peur de ce qu'il est vraiment, sous la couche factice. Il pense que s'il se révèle tel qu'il est, tout le monde le fuira. Il est convaincu que personne ne peut aimer son vrai moi.
- **Couche de l'impasse** : stade du blocage proprement dit. L'individu commence à renoncer à la satisfaction de ses besoins parce qu'il se croit incapable de trouver ses propres solutions. Ce sentiment est souvent lié à une peur de l'indépendance.

- **Couche implosive** : expérience de détachement vis-à-vis de différentes parties du moi que l'individu renie. Celui-ci est figé par la peur d'avancer dans la vie. Il est comme paralysé.
- **Couche explosive** : libération de toute cette énergie refoulée. L'individu se sent libéré d'un poids qui pesait sur ses épaules. Il retrouve une énergie nouvelle.

Citation

« Toute ma vie j'ai détesté les exercices, l'excès de discipline, le bachotage. J'ai toujours fait confiance à l'expérience du "ah !", au choc de la découverte. »

F. S. Perls, *Ma Gestalt-thérapie*, Tchou, 1976.

Les résistances au contact

Chacun de nous a recours à une série de mécanismes de défense qui perturbent le contact, c'est-à-dire la mobilisation et l'exploitation de ressources en vue de satisfaire un besoin, et la perception de l'intégralité du champ.

Nous utilisons ces mécanismes de défense pour survivre, même si nous survivons dans une situation de compromis. Il s'agit des *résistances au contact* suivantes :

- **Introjection** : processus qui consiste à recueillir des informations dans notre environnement sans les intégrer dans notre personnalité. C'est comme si vous avalions des aliments sans les avoir mâchés. Si la nourriture n'est pas digérée, les substances nutritives ne sont pas assimilées par le corps. Nous sommes sujets à l'introjection lorsque nous sommes submergés par notre environnement.
- **Projection** : processus par lequel nous attribuons quelque chose qui nous concerne à quelqu'un d'autre. Nous sommes tentés de projeter lorsque nous pensons, ressentons ou faisons quelque chose qui est inacceptable pour nous ou pour les personnes qui nous sont proches. La projection nous permet d'éviter la responsabilité : « Ce n'est pas moi, je le jure ! C'est toi ! »
- **Confluence** : si nous ne sommes plus capables de faire la distinction entre notre frontière-contact et celle de quelqu'un d'autre, nous sommes en situation de non-contact. Le contact

résulte de la friction. S'il n'y a pas de « toi » et de « moi », il n'y a pas de friction et, par conséquent, pas de contact. Nous ne savons pas où nous commençons et où l'autre finit. Or, les gestaltistes ne sont pas favorables aux relations « lisses », car ils pensent que nos besoins ne sont pas satisfaits de façon optimale dans ces conditions.

- **Rétroflexion** : la rétroflexion consiste à faire à soi-même ce qu'on voudrait faire aux autres. C'est un processus par lequel on retourne les émotions, pensées et comportements destinés aux autres vers soi-même. Au lieu d'être en colère contre nos parents, par exemple, nous sommes en colère contre nous-mêmes.
- **Déflexion** : nous nous engourdissons au point de ne plus être sensibles au monde qui nous entoure. Nous évitons le contact en déviant nos sensations.
- **Égotisme** : nous sommes paralysés par une autoanalyse extrême. Nous essayons d'exercer un contrôle sur le chaos qui nous entoure en étant parfaits et en prenant toutes les « bonnes » décisions. Dans ce cas, analyser est synonyme de paralyser.

La Gestalt-thérapie en pratique

Dans le cadre d'une Gestalt-thérapie, les thérapeutes ont des attentes très précises vis-à-vis de leurs patients. Ceux-ci doivent :

- Guider le processus.
- Déterminer s'ils se sentent mieux ou non.
- Trouver eux-mêmes des solutions.

Dans ces conditions, que reste-t-il à la charge du psy ? Les gestaltistes apportent une relation de collaboration et un savoir dans les domaines de la théorie de la personnalité pour guider le patient vers une plus grande conscience de lui-même et de ses besoins. Le thérapeute et le patient sont sur un pied d'égalité, bien plus que dans d'autres formes de thérapies. Le thérapeute a un contact plus humain et doit être le plus authentique possible.

Les deux principaux objectifs de la Gestalt-thérapie sont les suivants :

- Aider le patient à être conscient de l'intégralité du champ.
- Restaurer un cycle de l'expérience sain.

Le thérapeute identifie le projet inachevé du patient au fur et à mesure qu'il émerge à travers le contenu et le processus de la relation thérapeutique. Il aide le patient à se concentrer sur son expérience immédiate et à se reconnecter avec ses besoins insatisfaits.

Il utilise des *expériences* et des techniques d'élargissement (jeu de rôles, revirement, etc.) de la conscience qui permettent au patient de voir que la situation de compromis à laquelle il a eu recours pour satisfaire ses besoins est devenue un obstacle à la satisfaction de ses besoins.

Les gestaltistes incitent le patient à vivre dans le présent sans ressasser le passé ni s'inquiéter pour l'avenir. Perls n'hésitait pas à maintenir ses patients dans le présent de façon agressive. Le thérapeute peut se répéter jusqu'à ce que le patient accepte de faire face au problème. De même, il peut exagérer la situation pour augmenter l'effet de la séance. Au terme de la Gestalt-thérapie, le patient devrait repartir avec une énergie renouvelée et un but. Il devrait être apte à satisfaire ses besoins de façon plus efficace. Son approche de la vie devrait être plus expérimentale. Mais surtout, il devrait être davantage conscient – ce qui, pour les gestaltistes, est la clé du bonheur.

Être en paix avec soi-même : la thérapie existentielle

Dans les années 1960, *Le Livre tibétain des morts* est devenu très populaire parmi les membres de la contre-culture (les hippies). Ce livre est une sorte de manuel bouddhiste sur ce qu'il faut faire lorsqu'on meurt – aller vers la lumière ou non, etc. Comme tous les ouvrages sur la mort, il a nourri l'imagination de nombreuses personnes. Que nous soyons confrontés à la mort nous-mêmes ou frappés par la perte d'un être cher, la menace de la mort déchaîne invariablement des émotions fortes et dispose d'un grand pouvoir sur la qualité de notre vie

Les adeptes du courant de la *psychologie existentielle* placent la mort au centre des questions devant être soulevées dans le cadre d'une psychothérapie. Outre la mort, ils considèrent que certains thèmes, comme l'anxiété, la liberté et le choix, se situent au cœur de notre existence et de ce que Freud appelle la *psychopathologie* (problèmes psychologiques).

D'une certaine façon, les existentialistes ont coupé court au débat sur la thérapie en mettant l'accent sur des questions profondément philosophiques telles que :

- L'anxiété.
- La mort.

- La culpabilité.
- Le temps.
- La transcendance.

Les psychologues existentialistes, comme Rollo May et Irvin Yalom, ont une perspective philosophique qui n'a rien à voir avec les autres formes de thérapies. Ils pensent que nos préoccupations les plus importantes ont été ignorées ou seulement indirectement prises en compte par les formes de thérapies telles que la thérapie comportementale ou cognitive. Plus précisément, ils considèrent la thérapie comportementale comme un exercice technique et restrictif qui ne respecte pas les conflits auxquels nous sommes confrontés au cours de notre vie.

Pour eux, le thérapeute est une personne comme les autres, qui doit examiner les préoccupations réelles et les problèmes profonds de ses patients. Il ne doit pas se laisser distraire par des théories et des modèles qui déshumanisent la thérapie – processus fondamentalement humain.

La thérapie existentielle est davantage une position philosophique qu'une technique spécifique. Cependant, elle a apporté d'importantes contributions à la technique. Cette philosophie repose sur le principe suivant : tout être humain a une expérience intime de l'être. Cette expérience est liée à notre sentiment d'être en vie et de lutter pour être.

L'anxiété névrotique

Nous luttons tous pour prendre conscience de notre être, de notre véritable *existence ontologique*. L'ontologie est une branche de la philosophie qui vise à déterminer ce qui est réel dans notre univers. Chacun de nous se sent réel et est capable de parler de son existence ontologique. Cela dit, s'il y a être, il y a nécessairement absence d'être. L'expérience ultime du non-être est la mort.

Lorsque nous sommes confrontés à la mort, à la nôtre ou à celle de quelqu'un d'autre, nous éprouvons de l'anxiété liée à l'idée de ne pas être, de ne plus être là.

Les thérapeutes existentialistes font la différence entre l'anxiété normale et ce qu'ils appellent l'anxiété névrotique :

- **L'anxiété normale** est liée à notre lutte pour être et pour faire face aux menaces qui pèsent sur notre être. Elle peut parfois représenter un obstacle important, mais il existe bel et bien une anxiété saine, qui est proportionnelle à la situation et son contrôle. Elle n'a pas besoin d'être refoulée, car elle est réaliste et gérable. Elle est donc constructive et utile.
- **L'anxiété névrotique** a deux caractéristiques qui nuisent à la réalisation de notre être et nous coupent du reste du monde :
  - Elle est disproportionnée par rapport à la situation.

- Elle est destructrice. L'anxiété, dans ce cas, peut rendre physiquement malade. Elle est donc contre-productive. L'anxiété névrotique doit être gérée et éliminée le plus vite possible. Or nous avons tendance à la refouler dans notre inconscient, car c'est une émotion pénible que nous essayons d'oublier.

Une thérapie existentialiste se penchera précisément sur les formes d'anxiété, de part et d'autre de la frontière qui la rendrait névrotique.

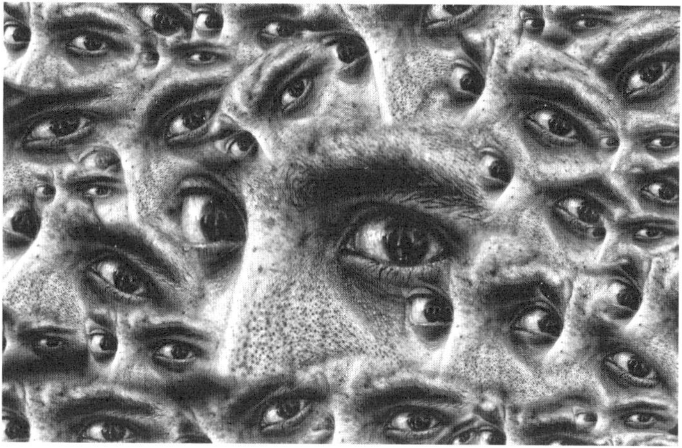

Des yeux pour tout voir du monde ? (Geralt).

Simone de Beauvoir et Jean-Paul Sartre à Pékin (1955).

La culpabilité névrotique

La *culpabilité* est un phénomène existentiel clé. C'est un concept important dans notre société. Les théories psychologiques lui attribuent différentes sources, différents usages et différents soins.

Les existentialistes aident leurs patients à analyser leur culpabilité en fonction de leur être, sans chercher à les absoudre.

Là encore, il existe deux types de culpabilité :

- **La culpabilité normale** peut être liée à deux types de situations :
  - Un comportement contraire à la morale. Cette forme de culpabilité apparaît lorsque nous faisons quelque chose de contraire à notre morale ou à celle du groupe social auquel nous appartenons. Il s'agit d'une émotion saine et normale.
  - L'impossibilité d'être à la hauteur de nos attentes. Cette forme de culpabilité est souvent négligée en psychothérapie.
- **La culpabilité névrotique** provient de l'idée d'avoir fait du mal à quelqu'un alors que ce n'est pas le cas. Cela peut partir d'une gentille attention. Mais s'il n'y a vraiment aucune raison, il s'agit d'une *transgression imaginaire*, d'une offense qui n'a jamais eu lieu.

À savoir

Si vous avez envie de vous plonger dans l'obscurité philosophique de l'être et du non-être, lisez *L'Être et le Néant*, de Jean-Paul Sartre. Il s'agit d'une sorte de manuel d'utilisateur appliqué à la philosophie existentielle.

« Être ou ne pas être, telle est la question »
(Hamlet, personnage de la pièce de Shakespeare).

Être ou ne pas être ici et maintenant

L'anxiété et la culpabilité névrotiques empêchent l'individu d'être en contact avec son être. Le patient n'a plus vraiment les pieds sur terre, il se tracasse et s'inquiète. Il est distrait de la vie et de son authenticité par l'anxiété ou la culpabilité névrotiques. Il oublie ce que les psychologues existentialistes appellent « être ici et maintenant ».

Les psychologues existentialistes essaient de comprendre l'expérience de leurs patients et d'évaluer leur capacité à être ici et maintenant. Ils distinguent trois niveaux d'être :

- **Umwelt :** être dans son environnement et dans le monde extérieur des objets et des choses.
- **Mitwelt :** être dans son environnement social.
- **Eigenwelt :** être en contact avec soi-même.

Pour les existentialistes, l'être est à son comble lorsque l'individu est en contact avec chacun de ces trois niveaux à un degré suffisant, c'est-à-dire sans être entravé par l'anxiété ou la culpabilité névrotiques.

Être ici et maintenant, c'est aussi faire l'expérience du *temps*. Le temps est une donnée existentielle absolue. Il s'écoule, que nous essayions d'y résister ou non. Pour les existentialistes, nous devons apprendre à vivre dans le présent et l'avenir immédiat. Nous ne devons pas perdre notre temps à nous soucier du passé mais, au contraire, rester ancrés dans le présent sans oublier que le temps nous rapproche toujours plus de notre mort inévitable.

Il existe une autre question existentielle qui constitue la base de la pratique de la psychothérapie existentielle. Il s'agit du concept de *transcendance*, une sorte de bout du tunnel : la réalisation de notre être, c'est-à-dire notre capacité à vivre sans anxiété excessive et à lutter pour transcender le passé et évoluer vers l'avenir.

Notre imagination et notre capacité d'abstraction sont des armes précieuses dans cette lutte. Nous pouvons dépasser les limites de notre situation immédiate simplement en nous imaginant en dehors de ces limites. Notre pensée créatrice crée une sorte d'espace psychologique. Nous sommes donc en mesure d'entrevoir de nouvelles possibilités. Et tant que nous sommes capables d'imaginer de nouvelles possibilités, nous pouvons continuer à lutter pour la réalisation de notre être. Ce pouvoir est essentiel dans le concept existentiel de la liberté.

Les quatre problèmes de l'existentialisme

Outre l'anxiété et la culpabilité, le patient doit aussi lutter contre les quatre problèmes existentiels suivants :

- La mort.
- La liberté.
- L'isolement.
- L'absurde.

Dans le cadre de la psychothérapie, les thérapeutes existentialistes affirment que la psychopathologie et les problèmes existentiels sont liés à l'incapacité du patient à transcender l'*idée de la mort*. Pourtant, personne n'y échappe. Nous voulons vivre, mais nous savons que nous allons mourir. Ce dilemme peut nous conduire au désespoir. À quoi bon lutter, puisque nous mourrons de toute façon. Le but de la psychothérapie existentielle est d'aider les patients à affronter l'idée de la mort.

Les psychologues existentialistes insistent aussi sur l'importance du concept de *liberté* dans la vie du patient. Ils ne pensent pas que l'univers ait une structure prédéfinie, mais au contraire, que nous construisons cette structure au fur et à mesure que nous évoluons. Pour certains d'entre nous, la liberté semble être un fardeau. En effet, elle implique que nous assumions la responsabilité de nos actes, ce qui signifie que nous ne pouvons nous en prendre qu'à nous lorsque les choses se passent mal. En contrepartie, lorsque tout va bien, c'est uniquement grâce à nous !

L'approche existentialiste est complétée par la théorie sur l'*isolement*. De nombreuses personnes trouvent refuge dans la compagnie d'autrui. Au fond de nous, nous savons que nous sommes seuls et que nous mourrons seuls. Alors, nous essayons de surmonter cette épreuve en fusionnant avec les autres. Dans l'espoir d'une fusion extrême, nous nous engageons parfois dans une relation inauthentique, utilisant l'autre uniquement pour mettre fin à notre isolement.

Quel est le sens de la vie ? Ne comptez pas sur les psychologues existentialistes pour répondre à cette question. Chacun de nous doit donner un sens à sa propre vie en construisant quelque chose à partir du *chaos absurde* qu'est le monde. Seule notre volonté créatrice a le pouvoir de transcender l'absurde.

Une fois que le patient est conscient de ce qu'il veut, le thérapeute peut l'aider à supprimer les obstacles qui sont en travers de son chemin. Il lui montre aussi qu'il prend des décisions tous les jours, même s'il n'en est pas conscient – d'où cette formule existentialiste : l'être humain est une machine à prendre des décisions. Si le patient est lui-même en travers de son chemin, c'est à lui de changer.

Pour nous protéger de problèmes existentiels, nous pouvons avoir recours à deux mécanismes de défense :

- Nous développons un sentiment d'omnipotence pour nier l'inconnu.
- Nous croyons en l'existence d'un sauveur. Ce phénomène peut mener à la dépendance – situation à proscrire absolument selon les adeptes de l'existentialisme.

La méthode du thérapeute existentialiste

La thérapie existentielle est axée autour de thèmes précis, que le thérapeute utilise pour traiter le patient. Dans la pratique, le thérapeute procède de la manière suivante :

- Il aide le patient à agir de façon délibérée et responsable face à la réalité existentielle.
- Il repère les questions existentielles dans les problèmes triviaux ou les symptômes psychologiques du patient et les met en relief.
- Il explore ces questions existentielles et montre au patient le compromis que celui-ci a adopté pour y faire face.
- Il aide le patient à développer un comportement plus adapté.
- Il incite le patient à créer sa propre vie et son propre univers à travers ses actes et ses choix.
- Il incite le patient à exercer sa volonté en prenant des décisions sans être trop impulsif ni compulsif.

Les comportements impulsifs et compulsifs ne constituent pas une approche active de la vie. L'approche active préconisée par les existentialistes repose sur des actes réfléchis, délibérés et responsables. Le patient est responsable de ses actes et ne doit pas s'en remettre aux autres pour prendre ses décisions. En ce sens, la thérapie existentielle est parfois frustrante pour le patient, car le thérapeute refuse d'entrer dans une relation de soignant à soigné. Dans cette optique, les patients sont souvent incités à dire « je » au lieu de « on » ou « vous » lorsqu'ils parlent de leurs expériences.

Au lieu d'inciter le patient à mettre tout son espoir dans des circonstances ou des personnes extérieures à lui-même, la thérapie existentielle l'oblige à se tourner vers l'intérieur pour trouver l'espoir dans ses propres actes. En nous ramenant à l'essence même de notre existence, les existentialistes nous montrent que chaque pensée, émotion ou comportement est un acte de volonté qui démontre la présence de notre être – notre lutte pour exister, survivre et être.

Il est parfois difficile de trouver sa place dans le monde.

Qu'est-ce que le stress ?

Depuis une vingtaine d'années, les psychologues essaient d'identifier ce qui nous stresse. Ils utilisent leurs connaissances sur le comportement et les processus mentaux humains pour déterminer ce qui nous touche ainsi.

Pour répondre à cette question, on énumère généralement les facteurs de stress : le travail, l'argent, les factures, les enfants, les patrons, etc. Le monde occidental est relativement stressant. Les tensions et le rythme de la vie moderne semblent toujours avoir raison de nous à un moment ou à un autre. Nous sommes tous stressés.

Les définitions du stress vont de la description des réactions physiques à notre façon de voir le stress.

En 1997, William Lovallo a défini le concept de la manière suivante : tension physique ou mentale liée à un événement qui provoque un déséquilibre physique ou mental. Lorsque nous ne sommes pas stressés, nous maintenons un équilibre entre notre environnement et nous-mêmes.

En 1939, Walter Cannon, physiologiste américain, a désigné cet équilibre sous le nom d'*homéostasie*. Lorsque notre équilibre homéostasique est compromis, nous sommes stressés. Par conséquent, le stress est fondamentalement lié au changement.

Citation

« Les hommes pratiquent le stress comme si c'était un sport. »

Madeleine Ferron, romancière canadienne.

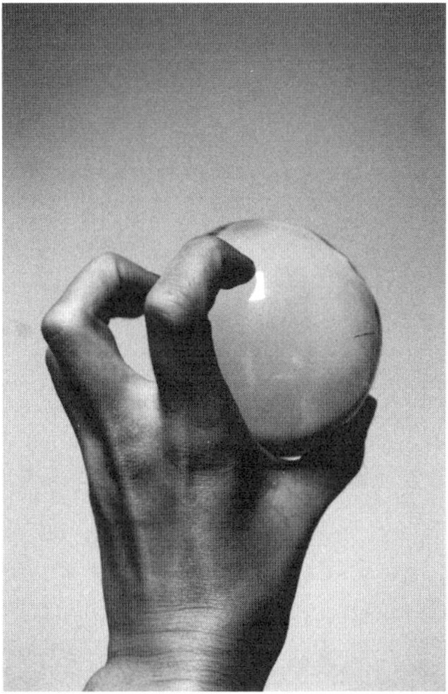

Qu'est-ce que le stress ?

La théorie de Hans Selye

Hans Selye est à l'origine de l'une des plus célèbres théories sur le stress. Cette théorie est fondée sur ce qu'il a appelé le *syndrome général d'adaptation*.

D'après cette théorie, lorsque nous sommes confrontés à quelque chose qui menace notre équilibre physique ou mental, nous traversons une série de changements :

- **Phase d'alerte** : réaction initiale à tout facteur de stress, désigné sous le nom d'*agent agresseur*.
- **Phase de résistance** : activation du mécanisme corporel le mieux armé pour résister à l'agent agresseur. Si, pour fuir une meute de chiens enragés, par exemple, vous devez courir, votre système nerveux et votre système hormonal s'assurent que vos jambes sont suffisamment irriguées pour le faire. Un supplément d'énergie est fourni à votre cœur pour que celui-ci fonctionne plus vite.
- **Phase d'épuisement** : étape finale. Une fois que le mécanisme corporel activé lors de la phase de résistance a terminé son travail, le syndrome général d'adaptation disparaît. Mais si l'agent agresseur est toujours présent, nous entrons dans une phase d'épuisement. Lorsque nous sommes épuisés, notre corps n'est plus capable de résister au stress et devient vulnérable à la maladie.

Portrait

Nom : SELYE
Prénom : Hans
Nationalité : canadienne
Dates : 1907-1982
Spécialité : la physiologie.
Connu pour : être le pionnier des études sur le stress ; il a mis au jour les principaux mécanismes biologiques de réaction des organismes vivants (animaux) face aux agressions.

Portait de Hans Selye (J.-P. Rioux).

Les enjeux du stress

Notre corps n'est pas le seul à réagir lorsque nous sommes soumis au stress. De nombreuses réactions cognitives et émotionnelles ont également lieu. Le psychologue clinicien Arnold Lazarus affirme que, en période de stress, nous traversons un processus d'analyse émotionnelle. Nous cherchons à déterminer le sens du problème et l'effet de celui-ci sur notre avenir. Nous effectuons deux évaluations importantes – les évaluations primaire et secondaire.

Dans la plupart des situations stressantes, il y a quelque chose d'important en jeu, sinon nous ne serions pas stressés. L'analyse de « ce qui est en jeu » est notre *évaluation primaire* de la situation. À ce stade, les situations sont classées en trois catégories :

- **La menace** : une situation qui requiert une réaction, par exemple, est une situation menaçante.
- **Le tort** : il s'agit d'une situation dans laquelle quelqu'un vous fait du tort ou du mal – physiquement, mentalement ou émotionnellement. Par exemple, vous pouvez être blessé dans votre amour-propre.
- **Le défi** : vous pouvez aussi regarder un individu menaçant droit dans les yeux et considérer sa menace comme un défi. Au lieu d'une situation dangereuse, vous voyez là une occasion de mettre en pratique les leçons de judo que vous avez prises.

Après avoir déterminé ce qui est en jeu, nous faisons l'inventaire des ressources dont nous disposons pour faire face à la situation. Il s'agit de l'*évaluation secondaire*. Nous nous demandons si nous avons déjà vécu ce genre de situation et ce que nous avons fait alors.

Enfin, nous tenons compte de nos émotions. Un individu qui se considère comme un incapable est forcément stressé. Le stress est une conséquence de l'interaction qui existe entre la situation et la réaction de l'individu à cette situation. Le stress dépend également du contrôle que nous pensons exercer sur tel événement ou telle situation. Il semble que le stress apparaisse lorsque l'individu n'a pas de réponse adéquate à la situation et lorsque les conséquences d'un échec seraient importantes.

Les types de stress

Le stress ne provient pas donc pas exclusivement de l'événement ou de la situation mais bien de la façon dont nous appréhendons la situation, notre capacité à agir et les conséquences que cela peut entraîner. Cela explique pourquoi nous ne sommes pas tous stressés par la même chose et de la même façon.

Néanmoins, il existe des situations *a priori* stressantes pour la plupart d'entre nous. Par exemple :

- **Facteurs de stress extrêmes** : événements qui surviennent rarement et sont extrêmement stressants – catastrophes naturelles, désastres écologiques (marée noire), guerre, terrorisme, émigration, et vision de la torture ou de la douleur des autres.
- **Facteurs de stress développementaux ou psychosociaux** : événements qui surviennent au fur et à mesure que nous grandissons et changeons – adolescence, mariage, accouchement, éducation des enfants et prise en charge d'une personne malade.
- **Facteurs de stress courants** : situations auxquelles nous sommes confrontés dans notre vie quotidienne – vie en ville, perte d'emploi, tracas quotidiens (aller travailler en voiture, par exemple), pression sur le lieu de travail et corvées ménagères.

Les psychologues Thomas Holmes et Richard Rahe ont dressé une liste des événements stressants et créé une échelle d'évaluation du stress qui porte désormais leur nom. À chaque événement stressant, ils ont associé un certain nombre de points – plus le nombre de points est élevé, plus l'événement est stressant.

Voici les cinq premiers :

Événement	**Nombre de points**
Décès du conjoint	100
Divorce	73
Séparation	65
Emprisonnement	63
Décès d'un membre de la famille proche	63

Les cinq derniers par ordre décroissant sont : changement de fréquence des réunions familiales, changement d'habitudes alimentaires, vacances, Noël et infractions mineures.

Le saviez-vous

Les recherches effectuées montrent que, contrairement à une idée répandue, on ne travaille pas mieux sous pression. En général, si nous travaillons bien sous pression, nous travaillons encore mieux lorsque nous sommes sereins.

Le syndrome de stress post-traumatique

À la suite de toutes les études réalisées sur le stress, phénomène à la fois psychologique et biologique, on ne peut plus nier le lien qui existe entre ce phénomène et la maladie, que celle-ci soit psychologique ou physique.

Lors d'une exposition à un stress extrême, un individu peut souffrir du *syndrome de stress post-traumatique*. Ce syndrome survient lorsque l'individu se trouve dans une situation où sa vie est en danger ou lorsqu'il risque de subir des blessures graves. La guerre, le viol, les agressions physiques, les accidents de voiture et d'avion sont autant d'événements qui peuvent le provoquer.

Les symptômes sont divers : paralysie émotionnelle, sentiment de culpabilité, insomnie, troubles de la concentration, réaction de fuite face aux événements et aux souvenirs liés au traumatisme, excitation physiologique excessive (hyperactivité due à la peur).

De nombreux vétérans du Vietnam ont souffert de ce syndrome. Pendant la Deuxième Guerre mondiale, celui-ci était désigné sous le nom de *psychose traumatique*.

D'autres professionnels, par la répétition de situations de très fort stress, sont menacés : pompier, officier de police ou médecin urgentiste... Sans cesse confrontés à la mort et à la destruction, ces individus subissent forcément un stress. De nombreuses études l'ont montré. Ces personnes ayant une profession stressante sont particulièrement exposées au *syndrome secondaire de stress traumatique*. Les symptômes sont exactement les mêmes que ceux du syndrome précédent, mais les victimes ne sont pas exposées directement aux facteurs de stress – elles subissent un stress par ricochet.

Les témoins d'un événement traumatisant qui ressentent de la peur, de la terreur ou un sentiment d'impuissance risquent de développer un syndrome secondaire de stress traumatique.

Les maladies du stress

Hans Selye a étudié les liens qui existent entre le stress, les troubles mentaux, les difficultés d'adaptation, les problèmes de santé physique et la maladie. Il a découvert que ce qui nous aide à faire face au stress peut aussi conduire à la maladie. Ses expériences sur des pigeons stressés démontrent l'existence notamment de *maladies d'adaptation* : des problèmes de tension artérielle, des ulcères de l'estomac, des accidents cardiaques et des « troubles nerveux ».

Grâce aux travaux de Selye, entre autres, les psychologues ont découvert que le stress peut entraîner des problèmes de santé ou des maladies de différentes façons. On peut aussi constater le lien indirect qui existe entre le stress et les problèmes de santé physique chez les individus qui adoptent un comportement potentiellement dangereux pour surmonter leur stress : boire de l'alcool pour décompresser, fumer plus de cigarettes pour surmonter une épreuve, etc.

Il existe aussi un lien entre le stress et certaines maladies spécifiques. De fortes émotions négatives, comme la colère, l'hostilité chronique et l'anxiété, peuvent provoquer de l'hypertension, de l'asthme, des migraines, des ulcères et une polyarthrite chronique évolutive. Certaines personnalités sont plus exposées au stress que d'autres, notamment la personnalité de type A, qui se caractérise par sa lutte constante et agressive pour accomplir toujours plus en toujours moins de temps. Il s'agit, par exemple, de jeunes cadres dynamiques qui montent leur propre entreprise, de boulomaniaques millionnaires ou d'étudiants en compétition avec d'autres et constamment à la recherche de la perfection. Ce sont des individus très impatients pour lesquels tout est urgent. C'est vrai, ils peuvent être très performants et mener une brillante carrière. Mais ils courent aussi le risque de souffrir de *maladies coronariennes* – durcissement des artères, angine de poitrine, crise cardiaque.

Stress et système immunitaire

Une nouvelle discipline, la psycho-neuro-immunologie, étudie le lien qui existe entre la psychologie et le système immunitaire. Il a été démontré qu'un stress élevé et des émotions intenses peuvent interrompre le fonctionnement du système nerveux. Les chercheurs ne connaissent pas encore tous les tenants et les aboutissants de ce processus, mais ils pensent que les réactions du corps pour surmonter le stress ont un coût immunitaire.

Le physiologiste américain Walter Cannon (1871-1945) a montré que l'exposition à un stress extrême nous pousse soit à fuir, soit à combattre. Ces réactions semblent primaires, mais il peut s'agir tout simplement de passer son chemin ou de crier contre quelqu'un. Dans les deux cas, ces actions protectrices requièrent de l'énergie. Si on fuit en courant, le cerveau envoie alors au cœur et au système hormonal des signaux qui provoquent une augmentation de la tension artérielle. Toutes les ressources vitales sont consacrées à la course.

Dans notre système immunitaire, les hormones libérées lors des réactions de fuite ou de lutte sont l'adrénaline et le cortisol. Il a été démontré que ces deux hormones ont des effets immunosuppresseurs. Autrement dit, lorsque le système sanguin contient une quantité élevée d'adrénaline et de cortisol, le système immunitaire fonctionne moins bien.

Nous vivons une époque stressante, mais le stress que nous subissons n'a rien à voir avec celui qui nous ferait fuir à la vue d'un ours. D'une manière générale, le stress moderne est chronique et de faible intensité. Il est toujours là, il ronge petit à petit notre système immunitaire, car notre mécanisme de fuite ou de lutte est pratiquement toujours en alerte. Ainsi, au lieu de passer d'un état de non-alerte (être détendu) à un état d'alerte vive (être poursuivi par un ours), nous sommes constamment en état d'alerte modérée (tracas quotidiens, travail, factures, enfants, etc.). Cet état finit par avoir des répercussions sur les fonctions de notre système immunitaire.

Processus d'approche et d'évitement du stress

Nous sommes tous victimes du stress, mais nos réactions face à une situation stressante sont variées. Elles peuvent améliorer la situation (faire de l'exercice pour être en bonne santé) ou l'empirer (vider notre compte en banque au casino). Si une mauvaise réaction peut entraîner des problèmes, l'absence de réaction peut engendrer une certaine vulnérabilité et, parfois, encore davantage de problèmes. Une mauvaise réaction est souvent préférable à l'inertie.

Les réactions au stress se divisent en deux grandes catégories : les processus d'approche et les processus d'évitement. Les premiers sont plus actifs et constituent une prise en charge du stress.

Voici quelques exemples de *processus d'approche* :

- **Analyser logiquement :** observer la situation de la façon la plus réaliste possible.
- **Réévaluer :** observer la situation sous un autre angle et essayer de voir les côtés positifs.
- **Assumer la responsabilité :** reconnaître le rôle que nous avons joué dans la situation.
- **Chercher un soutien :** demander de l'aide.

- **Résoudre le problème :** chercher des solutions, faire des choix et évaluer les résultats.
- **Rassembler des informations :** recueillir d'autres informations sur le facteur de stress afin d'être mieux armé la prochaine fois.

Les *processus d'évitement* sont moins actifs et entraînent des réactions moins directes. En voici quelques exemples :

- **Dénégation :** nous refusons d'admettre l'existence du problème.
- **Esquive :** nous nous soustrayons aux sources de stress potentielles.
- **Distraction :** nous essayons d'obtenir des satisfactions ailleurs, en regardant un film drôle lorsque nous sommes tristes ou en nous adonnant à nos loisirs préférés le week-end pour oublier le travail.
- **Décharge émotionnelle :** nous crions, nous déprimons, nous nous inquiétons.
- **Sédation :** nous nous abrutissons de médicaments, d'alcool, de sexe, de nourriture, etc. pour oublier le stress.

La façon dont nous réagissons au stress dépend des ressources dont nous disposons. Face à un licenciement, un milliardaire est probablement beaucoup moins stressé qu'un ouvrier.

Nos réactions sont complexes. Elles dépendent de nos efforts de résistance et de nos ressources personnelles et environnementales.

La résilience

Tout événement auquel nous sommes confrontés est influencé par l'interaction de nos facteurs de stress, de nos ressources sociales, de nos caractéristiques démographiques et de nos ressources personnelles. En outre, notre évaluation cognitive du facteur de stress influence notre santé et notre bien-être aussi bien positivement que négativement.

On appelle l'aptitude d'un individu à résister au stress la « résilience ». La résilience est le résultat d'une interaction entre les *ressources personnelles et sociales* de l'individu et ses efforts de résistance. Les ressources personnelles se composent d'une personnalité, de convictions stables et d'une approche de la vie positive :

- **Confiance en soi** : l'individu croit en lui et en sa capacité à gérer la situation grâce à son expérience.
- **Optimisme** : il a une vision positive de l'avenir et s'attend à obtenir des résultats positifs.
- **Contrôle interne** : il pense exercer un contrôle sur certains points.

Les ressources sociales font partie des ressources environnementales qui peuvent nous aider à surmonter le stress. Elles nous fournissent des informations et des suggestions pour résoudre nos problèmes. Elles regroupent la famille, les amis, les autres personnes proches, les associations religieuses et spirituelles, et parfois même les collègues et les supérieurs hiérarchiques. Parmi les autres ressources environnementales figurent l'argent, l'abri, les transports et les services médicaux. Ces ressources jouent un rôle essentiel dans notre capacité à appréhender et à gérer une situation stressante.

La prévention par l'hygiène psychologique

Aujourd'hui, le lien entre le stress et les problèmes de santé est reconnu, mais les psychologues ne se sont pas arrêtés là. Ils tentent d'appliquer leurs connaissances sur le comportement et les processus mentaux humains aux problèmes de santé en général. Ils cherchent des moyens de maintenir les individus en bonne santé en identifiant les comportements susceptibles d'entraîner la maladie.

Cette étude psychologique de la santé et de la maladie a donné naissance à ce qu'on appelle l'*hygiène psychologique*. Les spécialistes de l'hygiène psychologique travaillent aussi bien dans les universités (pour faire de la recherche) que dans les cliniques et les hôpitaux, où ils sont en contact direct avec les patients. Leurs activités consistent notamment à aider les individus et les familles à faire face à la maladie, et à élaborer des programmes pour prévenir la maladie, adopter un mode de vie sain et modifier les comportements.

L'hygiène psychologique implique trois types de prévention :

- **Prévention primaire** : prévenir la maladie chez l'individu sain avant qu'elle ne se développe. Les programmes de prévention primaire comprennent les campagnes d'information sur le sida et l'utilisation de préservatifs et les programmes de vaccination des enfants.

- **Prévention secondaire** : identifier et traiter rapidement une maladie en phase de développement. Les programmes de prévention secondaire comprennent les campagnes d'information sur le cancer du sein ou des testicules.
- **Prévention tertiaire** : aider l'individu à surmonter une maladie déjà déclarée et éviter l'aggravation. Les programmes de prévention tertiaire consistent à accompagner le patient pour l'aider à réduire sa tension artérielle ou à arrêter de fumer.

Tout cela n'est rien si nous ne prenons pas en compte le concept d'*observance* : la façon dont nous respectons les traitements qui nous sont prescrits par un médecin ou nos propres résolutions en matière d'hygiène de vie.

Certaines personnes ne parviennent pas à adopter un comportement sain en raison des obstacles qui se trouvent en travers de leur chemin. Mais ce comportement peut aussi nous obliger à renoncer à quelque chose de plus amusant. Il peut aussi impliquer un surplus de travail.

Pour effectuer un changement dans notre mode de vie, nous devons croire en notre capacité à changer les choses. Dès lors qu'on pense avoir un certain contrôle sur la situation, on se donne les moyens de la changer.

Le *Health Belief Model*

La décision d'adopter ou non un comportement sain dépend de beaucoup de choses, notamment de notre façon de voir ce comportement et de notre locus de contrôle. Marshall H. Becker, en 1974, et Rosenthal, en 1988, ont élaboré le *Health Belief Model* (HBM, modèle des croyances sur la santé) pour montrer les processus psychologiques que nous traversons lorsque nous prenons des décisions relatives à la santé.

Le HBM se base sur nos croyances dans les domaines suivants :

- **Sévérité** : jusqu'à quel point la maladie peut-elle s'aggraver si nous ne faisons rien pour la combattre ?
- **Prédisposition** : sommes-nous susceptibles de tomber malades si nous n'adoptons pas un comportement sain ?
- **Avantages par rapport aux inconvénients** : est-ce que le jeu en vaut la chandelle ?
- **Efficacité** : nos tentatives de changement seront-elles efficaces ?

Nous ne voulons pas faire des efforts pour rien. Les réponses à ces questions jouent un rôle essentiel dans notre volonté d'adopter un comportement sain. Si ces quatre facteurs sont importants, nous franchirons probablement le pas. Sinon, il nous faudra peut-être un bon coup de pied pour nous faire réagir.

Le changement de mode de vie passe par une modification du comportement. Le meilleur moyen de modifier un comportement consiste à appliquer un système de sanction et de récompense. Le *changement cognitif* est un processus au cours duquel nous examinons les messages mentaux que nous nous envoyons et qui nous empêchent de changer de comportement ou de maintenir ce changement : le renforcement positif systématique et les pensées positives autosuggérées peuvent aider à prendre une autre voie. Ce processus exige beaucoup de pratique et d'encouragements, mais il en vaut la peine.

Robert Rosenthal, connu pour avoir développé le concept d'effet Pygmalion.

Les bons conseils pour une bonne santé psychologique

Il n'y a pas de formule magique pour être en bonne santé psychologique. Au fil des années, la psychologie a beaucoup appris sur la pensée et le comportement humains, et il serait dommage de ne pas essayer d'appliquer ces connaissances à notre quête de bien-être, de bonheur et de santé.

Alors que peut-on observer pour vivre sa vie de façon optimale ?

- Acceptez-vous ! La psychologie populaire et tous les livres de développement personnel affirment qu'il faut s'aimer soi-même. Ce n'est pas une mauvaise idée. Le dégoût de soi est souvent associé à la culpabilité, à la honte et à la dépression. Il est important de croire en sa propre valeur en tant que personne unique.
- Luttez pour vous en sortir, apprenez à lâcher prise. Nous devons être capables de faire face à l'adversité qui se présente, chacun avec ses propres armes pour lutter contre le stress et les épreuves. Mais il faut aussi assurer la « gestion passive d'une épreuve » à laquelle nous ne pouvons rien changer.
- Entretenez de bonnes relations avec les autres. Il semble parfois que la vie moderne soit une vie de solitude. Pourtant l'utilisation

massive d'Internet et du téléphone portable montre bien notre désir de rester en contact avec les autres et notre tentative de le faire malgré un monde fragmenté où tout va trop vite.

- Luttez pour la liberté et l'autodétermination. Si nous avons la conviction d'être le capitaine de notre propre bateau, nous attachons plus d'importance à notre vie et nous sommes plus confiants.
- Donnez-vous un but et faites tout pour l'atteindre. L'impression que la vie n'a aucun sens est un signe de dépression. La société moderne peut nous donner un sentiment d'aliénation lié à l'obligation de travailler tous les jours avec le chèque de la fin du mois comme seule récompense. Il est essentiel d'avoir un but.
- Trouvez l'espoir et gardez la confiance. Des études ont montré qu'une confiance profonde peut nous aider à gérer la perte, la maladie et les troubles psychologiques. Lorsque les choses tournent mal, nous devons garder espoir, rester optimistes sur l'avenir et continuer à croire que nous finirons par atteindre notre but.
- Offrez votre aide. Lorsque nous aidons les personnes dans le besoin, nous avons souvent le sentiment de maîtriser notre propre vie et nous adoptons une perspective positive.
- Vivez pleinement votre vie. Cela signifie être totalement absorbé et captivé par chaque activité ou expérience. Pour vivre heureux, nous devons apprendre à optimiser notre expérience intérieure afin d'être en harmonie totale avec ce que nous faisons. Quand vous balayez, balayez. Quand vous vous reposez, reposez-vous.

- Jouissez de la beauté de la vie. L'aptitude à apprécier la beauté est l'« esthétique ». Il y a beaucoup de négativité et de laideur dans notre monde – la guerre, la maladie, la violence et la misère nous entourent ; être capable d'apprécier ce qui est beau est une grâce salvatrice.
- N'ayez pas peur de changer et restez flexible. Pour vivre en paix, laissez-vous porter par le mouvement. Si vous êtes rigide et inflexible, vous rencontrerez une résistance à un moment ou à un autre et vous vous imposerez une certaine tension pour maintenir votre position. Si, en revanche, vous êtes flexible et prêt à modifier un comportement inapproprié, vous vous adapterez à votre environnement.

CRÉDITS PHOTOS

p.12, p.63, p.75, p.79, p.86, p.98, p.112, p. 127, p.135,p. 137, p.140, p.153, p.172, p.177, p. 181, p.214, p.223, p. 239, p.244, p.246, p.261, p.276, p. 289, p.295, p.299, p.311, p.313, p.315, p.331, p.355, p. 365, p.380, p.393 : Wikimedia Commons

p.28, p.49, p.51, p.56, p.119, p.162, p.199, p.228, p.303, p.379, p.382 : Pixabay

p.109, p.289 : GettyImages

p.149 : iStock

p.185 : Baker Library

p.344 : oklahoccitania.canalblog.com

p.192, p. 389, p.391 : Flickr

p.411 : University of California - Riverside